QR code/MP3

Korean Speaking for University Life

초급 II

대학 생활을 위한 한국어 말하기

English/Japanese/Chinese

Beginning Level II

연세대학교 한국어학당 편

연세대학교 출판문화원

머리말

국내 최고의 명성으로 한국어 교육의 50년 전통을 이어 온 연세대학교 언어연구교육원 한국어학당에서는 한국어 교육의 질을 높이기 위해 그동안 많은 교재를 편찬해 왔다. 최근 한국 내 대학, 대학원에서 수학하고 있거나 진학하고자 하는 외국인이 증가함에 따라 학문을 목적으로 하는 한국어 교재에 대한 학습자들의 요구가 높아지고 있다. 이에 따라 연세대학교 언어연구교육원 한국어학당에서는 대학 수학을 목적으로 하는 외국인 유학생들을 대상으로 한국어와 한국 문화를 교육할 수 있는 새로운 교재를 출간하게 되었다.

연세대학교 언어연구교육원 한국어학당에서 출간하는 이 교재는 대학 생활에 필요한 의사소통 기능을 집중적으로 향상시킬 수 있는『대학 생활을 위한 한국어』시리즈와 대학에서의 수학 능력을 집중적으로 향상시킬 수 있는『대학 강의 수강을 위한 한국어』시리즈로 되어 있다.『대학 생활을 위한 한국어』시리즈는 초급 학습자를 위한『대학 생활을 위한 한국어 초급Ⅰ』,『대학 생활을 위한 한국어 초급Ⅱ』, 중급 학습자를 위한『대학 생활을 위한 한국어 중급Ⅰ』,『대학 생활을 위한 한국어 중급Ⅱ』로 되어 있으며,『대학 강의 수강을 위한 한국어』시리즈는 중급 학습자를 위한『대학 강의 수강을 위한 한국어 중급Ⅰ』,『대학 강의 수강을 위한 한국어 중급Ⅱ』, 그리고 고급 학습자를 위한『대학 강의 수강을 위한 한국어 고급』으로 되어 있다.

『대학 생활을 위한 한국어』시리즈는 한국어 학습 단계별로 요구되는 내용을 주제로 말하기, 듣기, 쓰기 능력을 향상할 수 있도록 다양한 과제와 활동으로 구성된 분리형 교재이다. 그리고『대학 강의 수강을 위한 한국어』시리즈는 대학 수학에서 요구되는 기능과 장르를 중심으로 말하기, 듣기, 쓰기, 읽기 능력을 향상할 수 있도록 실용적인 과제와 활동으로 구성된 분리형 교재이다. 이들 교재에서는 학습자들이 흥미를 가질 수 있는 주제와 상황을 기초로 여러 가지 의사소통 기능 및 전략을 배울 수 있도록 배려하였다.

『대학 생활을 위한 한국어』와『대학 강의 수강을 위한 한국어』가 연세대학교 언어연구교육원 한국어학당에서 공부하는 학생들뿐만 아니라 한국 내에서 대학, 대학원 수학을 목적으로 하고 있는 모든 한국어 학습자들에게 도움이 되기를 바란다.

연세대학교 언어연구교육원
한국어학당 교재편찬위원회

Preface

With more than 50 years of tradition in the Korean Language Education field, Korean Language Institute of the Yonsei University Institute of Language Research and Education has published numerous textbooks to promote the quality of Korean Language Education. In the recent years, the need for Korean Language textbooks for academic purpose has been increasing along with the growth of the foreign students who are studying in undergraduate or graduate programs at universities in Korea. To this end, Korean Language Institute of the Yonsei University Institute of Language Research and Education came to publish new textbooks to teach Korean language and culture to foreign students, who are studying in Korea for academic purpose.

These textbooks, which are published by Korean Language Institute of the Yonsei University Institute of Language Research and Education, are comprised of two textbook series: 『Korean for University Life』 series for strengthening the conversational ability needed for university life; and 『Academic Korean』 series for strengthening the capacity to take classes in Korean. 『Korean for University Life』 series is comprised of: 『Korean for University Life Beginner's Level 1 & 2』 for beginner students, 『Korean for University Life Intermediate Level 1 & 2』 for intermediate level students. 『Academic Korean』 series is consisted of 『Academic Korean Intermediate 1 & 2』 for intermediate level students and 『Academic Korean Advanced』 for advanced level students.

While 『Korean for University Life』 is a textbook series composed of various kinds of tasks and activities under themes by different learning levels to promote students' ability to speak, listen and write, 『Academic Korean』 is a textbook series to promote speaking, listening, writing and reading abilities that are essential while studying in the undergraduate programs at universities. These textbooks draw interests of the learners by allowing them to acquire communicative functions and strategies based on themes and situations that are closely relevant to college students.

We also hope that 『Korean for University Life』 and 『Academic Korean』 series will not only help the Yonsei Korean Language Institute students but also any students who wish to continue to pursue their undergraduate or graduate studies in Korea.

Yonsei University Institute of Language Research and Education
Korean Language Institute Textbook Compilation Committee

はじめに

国内最高の名声で韓国語教育の50年の伝統を続けてきた延世大学言語研究教育院韓国語学堂では韓国語教育の質を高めるためにこれまで多くの教材を編纂してきた。最近、韓国内の大学や大学院で修学していたり進学しようとする外国人が増加するに従って、学問を目的とする韓国語教材に対する学習者たちの要求が高まっている。そこで、延世大学校言語研究教育院韓国語学堂では大学修学を目的とする外国人留学生たちを対象に韓国語と韓国文化を教育することができる新しい教材を出刊することになった。

延世大学校言語研究教育院韓国語学堂が出刊するこの教材は、大学生活に必要なコミュニケーション機能を集中的に向上させることができる《大学生活のための韓国語》シリーズと、大学での修学能力を集中的に高めることができる《大学講義受講のための韓国語》シリーズの２つからなっている。《大学生活のための韓国語》シリーズは初級学習者のための《大学生活のための韓国語初級1&2》, 中級学習者のための《大学生活のための韓国語中級1》,《大学生活のための韓国語中級2》があり、《大学講義受講のための韓国語》シリーズは中級学習者のための《大学講義受講のための韓国語中級1》,《大学講義受講のための韓国語中級2》, そして高級学習者のための《大学講義受講のための韓国語高級》がある。

《大学生活のための韓国語》シリーズは韓国語学習の段階別に求められる内容を主題に、会話, 聞き取り,作文能力が向上するように多様な課題と活動で構成された分離型教材だ。そして《大学講義受講のための韓国語》シリーズは大学修学の際に求められる機能とジャンルを中心に会話, 聞き取り, 作文, 読解能力が向上するように実用的な課題と活動で構成された分離型教材だ。これらの教材は学習者たちが興味を持つことができる主題と状況をパターンとしてさまざまなコミュニケーション機能及び戦略を学べるよう配慮した。

《大学生活のための韓国語》と《大学講義受講のための韓国語》が延世大学校言語研究教育院韓国語学堂で勉強する学生たちだけではなく、韓国内で大学や大学院修学を目的とするすべての韓国語学習者たちの役に立つ事を願う。

延世大学校言語研究教育院
韓国語学堂 教材編纂委員会

绪言

国内最富盛名、传承了韩国语教育的50年优良传统的延世大学语言研究教育院韩国语学堂, 以提高韩国语教育的质量己任, 编辑了大量优质教材。

最近, 随着在韩国国内的大学及大学院中学习及即将入学的外国人的增加, 对以学术为目的的韩国语教材的需求与日俱增。因此, 面向以在大学学习为目的的外国留学生, 延世大学语言研究教育院韩国语学堂出版了能教授韩国语及韩国文化的新教材。

延世大学语言研究教育院韩国语学堂出版的这本教材, 由能集中提高大学生活需要的基本沟通能力的《大学生活韩国语》系列, 及集中提高大学听课能力的《大学听课韩国语》系列组成。

《大学生活韩国语》系列由面向初级学者的《大学生活初级韩国语1&2》, 面向中级学者的《大学生活中级韩国语1》, 及《大学生活中级韩国语2》组成。

《大学听课韩国语》系列由面向中级学者的《大学听课中级韩国语1》,《大学听课中级韩国语2》, 以及面向高级学者的《大学听课高级韩国语》组成。

《大学生活韩国语》系列是一套分类型教材, 本教材以韩国语学习各等级要求的内容为主题, 由以能提高学习者的口语, 听力, 写作能力的丰富多样的作业及活动构成。

另外,《大学听课韩国语》系列是一套分类型教材, 本教材以大学听课中所需的能力及体裁为中心, 由以能提高学习者的口语, 听力, 写作, 阅读能力的实用型的作业及活动构成。这些教材以激发学习者兴趣的主题和情景为基础, 并考虑到了教授学生各种沟通能力及技巧。

希望《大学生活韩国语》及《大学听课韩国语》系列教材, 对在延世大学语言研究教育院韩国语学堂中学习的学生, 以及在韩国国内大学及大学院上学的所有韩国语学习者们有所帮助。

延世大学语言研究教育院
韩国语学堂 教材编辑委员会

일러두기

- 『대학 생활을 위한 한국어 말하기 초급 II』은 총 10개의 단원으로 이루어져 있고 뒤에 어휘, 문법 색인이 학습자를 위한 자료로 붙어 있다.
- 각 단원은 세 개의 항으로 구성되며, 각 항에서는 제목과 함께 담화 형식 및 기능이 드러나도록 학습목표가 제시된다.
- 각 항은 모두 **【준비해 봅시다】**, **【이야기해 봅시다】**, **【정리해 봅시다】**의 세 단계로 구성된다.
- **【준비해 봅시다】**는 도입 단계로서 항의 상황이나 주제를 도입할 수 있는 지문으로 구성된 담화를 듣는 활동으로 구성된다.

주제 및 도입 듣기의 이해를 확인하고 말하기 활동을 준비할 수 있는 삽화와 질문이 제시된다.

- **【이야기해 봅시다】**는 총 3단계로 구성된다.

각 항의 학습목표에 적절한 어휘 및 문법 등의 표현 목록이 제시된다.

【이야기해 봅시다】【01】단계에서는 전체 담화 구성요소를 중심으로 이를 두 부분으로 분리하여 각 부분을 연습시킬 수 있도록 과제 활동지와 모범 대화가 제시된다.

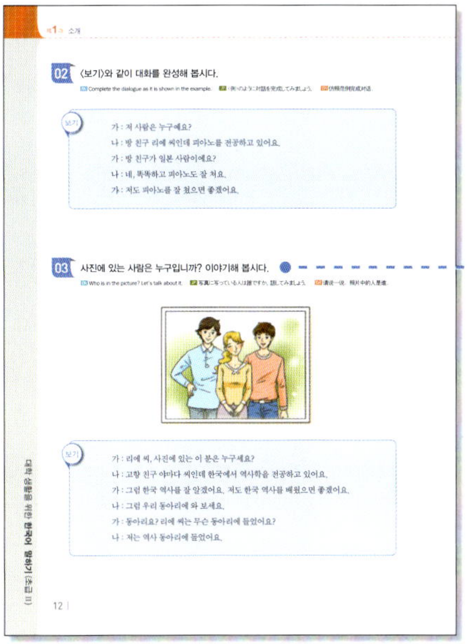

제1과 소개

02 〈보기〉와 같이 대화를 완성해 봅시다.

Complete the dialogue as it is shown in the example. 〈例〉のように対話を完成してみましょう。 仿照范例完成对话。

보기

가 : 저 사람은 누구예요?
나 : 방 친구 리에 씨인데 피아노를 전공하고 있어요.
가 : 방 친구가 일본 사람이에요?
나 : 네, 똑똑하고 피아노도 잘 쳐요.
가 : 저도 피아노를 잘 쳤으면 좋겠어요.

03 사진에 있는 사람은 누구입니까? 이야기해 봅시다.

Who is in the picture? Let's talk about it. 写真に写っている人は誰ですか。話してみましょう。 请说一说，照片中的人是谁。

보기

가 : 리에 씨, 사진에 있는 이 분은 누구세요?
나 : 고향 친구 야마다 씨인데 한국에서 역사학을 전공하고 있어요.
가 : 그럼 한국 역사를 잘 알겠어요. 저도 한국 역사를 배웠으면 좋겠어요.
나 : 그럼 우리 동아리에 와 보세요.
가 : 동아리요? 리에 씨는 무슨 동아리에 들었어요?
나 : 저는 역사 동아리에 들었어요.

대학 생활을 위한 한국어 말하기 (초급 II)

12

【이야기해 봅시다】【02】단계에서는 이전 단계에서 분리 연습한 담화를 전체적으로 다양한 상황에서 연습할 수 있도록 과제 활동지와 모범대화가 제시된다.

【이야기해 봅시다】【03】단계는 학습자가 자신의 상황에 맞도록 혹은 주제와 관련하여 다양한 담화를 구성할 수 있도록 하는 심화 확장 단계로서 다양한 활동지가 제시된다.

제 방 친구인데 지금 한국말을 공부하고 있어요 03

【 정리해 봅시다 】 Let's review まとめてみましょう 整理整理

친구의 사진을 보여주고 소개해 봅시다.

Show a picture of your friend and introduce him/her. 友達の写真を見せて紹介してみましょう。 拿出一张朋友的照片，介绍一下。

13

- 【**정리해 봅시다**】는 말하기 활동에 대한 평가 혹은 유사한 경험과의 비교나 연계를 통해 말하기 활동을 정리하고 마무리한다.

How To Use This Book

- 『Korean Speaking for University Life Level 2』 consists of 10 chapters and includes an index of vocabulary and grammar for learners at the end of the book.
- Each chapter of this textbook includes 3 lessons. Each lesson includes a title and learning objective that presents the conversation format and functions of each lesson.
- Each lesson of the chapter is composed of 3 steps, [Let's get ready], [Let's speak], and [Let's review].
- [Let's get ready], as the presentation stage, consists of listening to conversations to present the situation or the theme of the lesson.

It presents pictures and questions to confirm the topics and listening comprehension and get ready for a speaking activity.

- [Let's speak] is composed of 3 steps.

It presents the vocabulary and grammar structures relevant to the learning objective of each lesson.

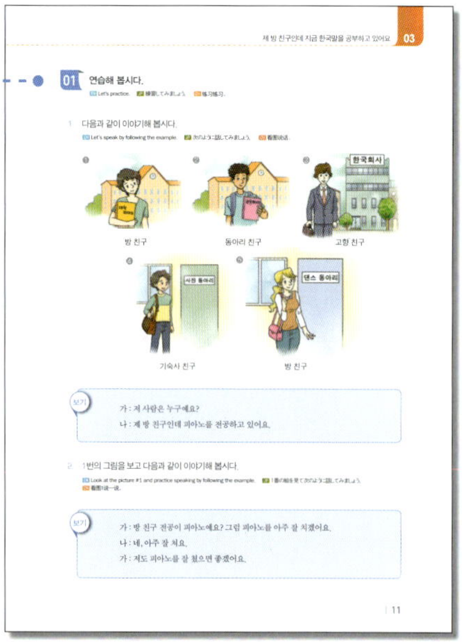

[Let's speak][01] presents the sample conversation divided by two parts based on the content and provides the task activity sheet to help the learner practice each part.

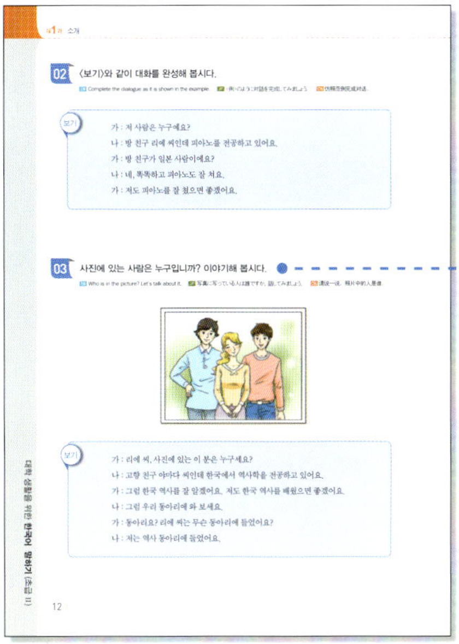

제1과 소개

02 〈보기〉와 같이 대화를 완성해 봅시다.

Complete the dialogue as it is shown in the example.

보기

가 : 저 사람은 누구예요?
나 : 방 친구 리에 씨인데 피아노를 전공하고 있어요.
가 : 방 친구가 일본 사람이에요?
나 : 네, 똑똑하고 피아노도 잘 쳐요.
가 : 저도 피아노를 잘 쳤으면 좋겠어요.

03 사진에 있는 사람은 누구입니까? 이야기해 봅시다.

Who is in the picture? Let's talk about it.

보기

가 : 리에 씨, 사진에 있는 이 분은 누구세요?
나 : 고향 친구 야마다 씨인데 한국에서 역사학을 전공하고 있어요.
가 : 그럼 한국 역사를 잘 알겠어요. 저도 한국 역사를 배웠으면 좋겠어요.
나 : 그럼 우리 동아리에 와 보세요.
가 : 동아리요? 리에 씨는 무슨 동아리에 들었어요?
나 : 저는 역사 동아리에 들었어요.

대학 생활을 위한 한국어 말하기 (초급 II)

12

[Let's speak][02] presents the new sample conversation and the task activity sheet in order to speak comprehensively in the various situations with previous practices.

[Let's speak][03] as an intensive stage, presents various speaking activities so that learners can make various conversations related to the theme of the chapter or their own situations.

제 방 친구인데 지금 한국말을 공부하고 있어요 03

정리해 봅시다 Let's review

친구의 사진을 보여주고 소개해 봅시다.

Show a picture of your friend and introduce him/her.

13

- [Let's review] reviews the speaking activities in the previous steps and finishes it up through talking about the learners' experiences and opinions relevant to the topics of the chapter.

凡例

- 「大学生活のための韓国語スピーキング初級Ⅱ」は全10課の単元で成り立っており、巻末に語彙、文法索引が学習者のための資料として付いている。
- 各単元は3つの項で構成され、各項ではタイトルとともに談話の形式及び機能があらわれるように学習目標が提示される。
- 各項はすべて{準備してみましょう}, {話してみましょう}, {まとめてみましょう}の3段階で構成される。
- {準備してみましょう}は導入段階として項の状況やテーマを導入できるスクリプトで構成された談話を聞く活動で構成される。

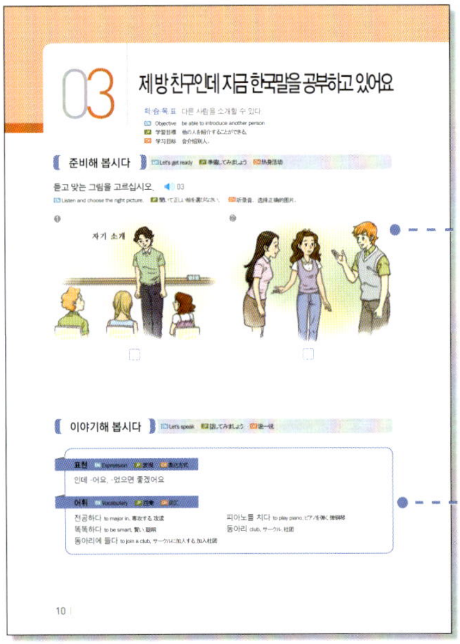

テーマ及び導入の聞き取りの理解を確認して、スピーキング活動を準備できるイラストと質問が提示される。

- {話してみましょう}は全3段階で構成される。

各項の学習目標に適切な語彙及び文法などの表現目録が提示される。

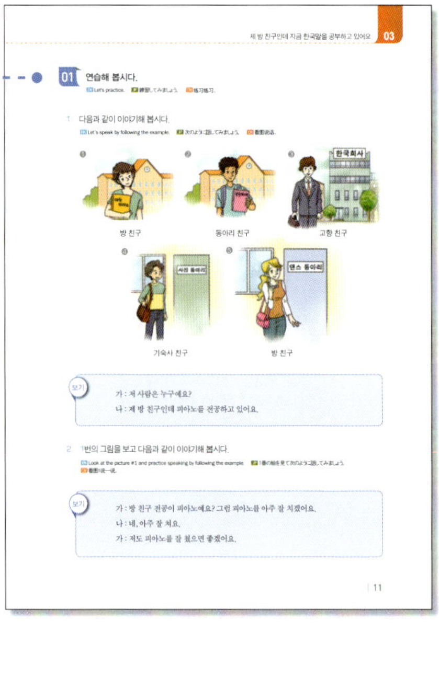

{話してみましょう}[1]段階では、全体の談話の構成要素を中心として、これを2つの部分に分離して各部分を練習することができるように課題の活動と模範となる対話が提示される。

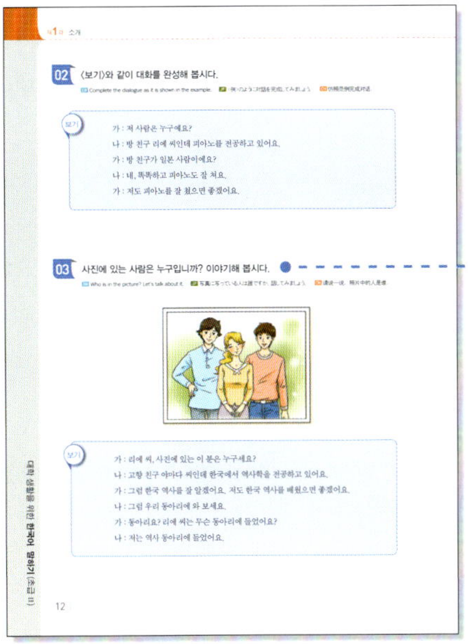

제1과 소개

02 〈보기〉와 같이 대화를 완성해 봅시다.

Complete the dialogue as it is shown in the example.

보기

가 : 저 사람은 누구예요?
나 : 방 친구 리에 씨인데 피아노를 전공하고 있어요.
가 : 방 친구가 일본 사람이에요?
나 : 네, 똑똑하고 피아노도 잘 쳐요.
가 : 저도 피아노를 잘 쳤으면 좋겠어요.

03 사진에 있는 사람은 누구입니까? 이야기해 봅시다.

Who is in the picture? Let's talk about it.

보기

가 : 리에 씨, 사진에 있는 이 분은 누구세요?
나 : 고향 친구 아마다 씨인데 한국에서 역사학을 전공하고 있어요.
가 : 그럼 한국 역사를 잘 알겠어요. 저도 한국 역사를 배웠으면 좋겠어요.
나 : 그럼 우리 동아리에 와 보세요.
가 : 동아리요? 리에 씨는 무슨 동아리에 들었어요?
나 : 저는 역사 동아리에 들었어요.

대학 생활을 위한 한국어 말하기 (초급 II)

12

[話してみましょう][2]段階では、前の段階で分離して練習した談話を全体的に多様な状況で練習できるように課題の活動と模範となる対話が提示される。

[話してみましょう][3]段階は学習者が自身の状況に合うように、またはテーマと関連して多様な談話を構成できるようにする深化、拡張段階として多様な活動が提示される。

제 방 친구인데 지금 한국말을 공부하고 있어요 03

정리해 봅시다 Let's review まとめてみましょう

친구의 사진을 보여주고 소개해 봅시다.

Show a picture of your friend and introduce him/her. 友達の写真を見せて紹介してみましょう。

13

- [まとめてみましょう]はスピーキング活動についての評価あるいは類似した経験との比較や連係を通してスピーキング活動をまとめて仕上げる。

编写说明

- “大学生活韩国语口语初级Ⅱ”共由10个单元组成，为方便学习者查阅和复习，书后附有词汇、语法索引。为学习者而准备的资料。
- 各单元由 3 个板块组成。每个板块均给出题目和学习目标，并且通过学习目标可以了解到该板块的会话形式与功能。
- 每个板块均由“热身活动”、“说一说”、“整理整理”三部分组成。
- “热身活动”作为导入部分，给出导入各板块的情景与主题的文本，并利用文本进行听力练习。

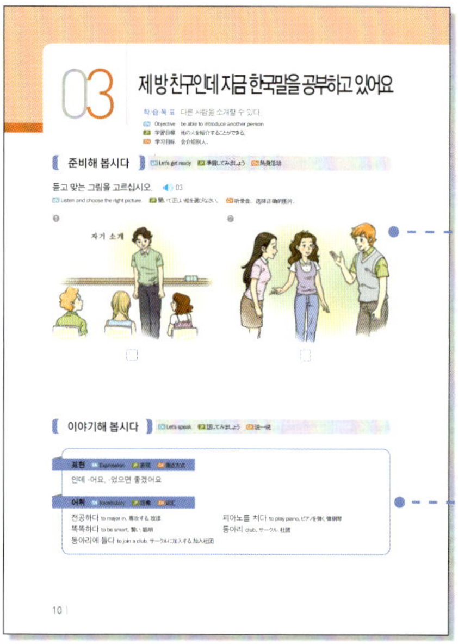

给出一些插画与问题，用来确认主题及导入部分的听力问题，并准备会话活动。

- “说一说”部分由 3 个阶段组成。

提供与各板块的学习目标相符的词汇、语法等表达目录。

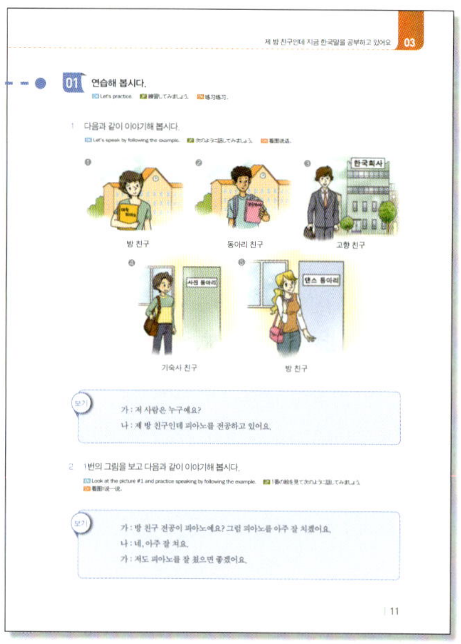

“说一说”部分的第1阶段，根据对话构成要素，将其分为两部分，提供用于各部分练习的课业活动及对话范文。

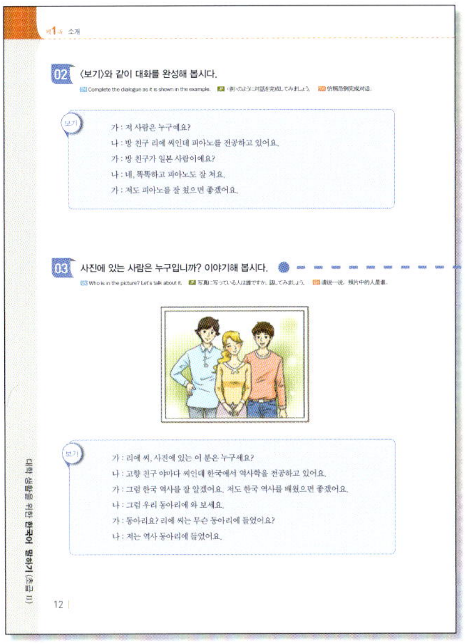

제1과 소개

02 〈보기〉와 같이 대화를 완성해 봅시다.

Complete the dialogue as it is shown in the example. 〈例〉のように対話を完成してみましょう。 仿照范例完成对话。

보기

가 : 저 사람은 누구예요?
나 : 방 친구 리에 씨인데 피아노를 전공하고 있어요.
가 : 방 친구가 일본 사람이에요?
나 : 네, 똑똑하고 피아노도 잘 쳐요.
가 : 저도 피아노를 잘 쳤으면 좋겠어요.

03 사진에 있는 사람은 누구입니까? 이야기해 봅시다.

Who is in the picture? Let's talk about it. 写真に写っている人は誰ですか。話してみましょう。 请说一说，照片中的人是谁。

보기

가 : 리에 씨, 사진에 있는 이 분은 누구세요?
나 : 고향 친구 야마다 씨인데 한국에서 역사학을 전공하고 있어요.
가 : 그럼 한국 역사를 잘 알겠어요. 저도 한국 역사를 배웠으면 좋겠어요.
나 : 그럼 우리 동아리에 와 보세요.
가 : 동아리요? 리에 씨는 무슨 동아리에 들었어요?
나 : 저는 역사 동아리에 들었어요.

대학 생활을 위한 한국어 말하기 (초급 II)

12

“说一说”部分的第2阶段，为利用上一阶段的分段练习对话来进行综合练习，提供相关的课业和对话范文。

“说一说”部分的第 3 阶段，为使学习者根据自身的情况或结合课文主题，组织丰富的对话，展开各种丰富的活动，从而强化口语能力。

제 방 친구인데 지금 한국말을 공부하고 있어요 03

정리해 봅시다 Let's review まとめてみましょう 整理整理

친구의 사진을 보여주고 소개해 봅시다.

Show a picture of your friend and introduce him/her. 友達の写真を見せて紹介してみましょう。 拿出一张朋友的照片，介绍一下。

13

- “整理整理”部分，通过评价说一说活动或比较和结合类似的经验来总结并结束本次会话活动。

차례

내용 구성

과	주제	제목	어휘	표현	과제
1	소개	경제학과 1학년 왕웨이라고 합니다	학년, 학과, 역사학과, 법학과, 의학과, 정치학과	이라고 합니다 -기 위해서	자기 소개하기
		제주도에 가면 꼭 바다를 구경해 보세요	시장, 바다, 박물관, 구경하다, 유명하다, 아름답다	만큼 -으면 -어 보세요	고향 소개하기
		제 방 친구인데 지금 한국말을 공부하고 있어요	전공하다, 피아노를 치다, 똑똑하다, 동아리, 동아리에 들다	인데 -어요 -었으면 좋겠어요	친구 소개하기
2	학교 생활	이번 학기 보고서는 언제까지 내는 겁니까?	보고서, 보고서를 내다, 중간 시험, 기말 시험, 시험을 보다, 발표, 발표하다, 조교	은/는 -는 겁니까? 덕분에	수업에 대해서 문의하기
		우리 학교 홈페이지에 들어가니까 있었어요	정보, 정보를 찾다, 홈페이지, 홈페이지에 들어가다, 게시판, 검색하다, 장학금, 신청하다	-으니까 -었어요 -지 말고 -어 보세요	학교 홈페이지에서 정보 찾기
		음식을 먹어도 되는 줄 알았어요	예절, 메시지를 보내다, 게임을 하다, 방해가 되다, 조심하다	중이에요 -는 중이에요 -어도 되는 줄 알았어요	학교 생활 예절에 대해서 말하기
3	학교 시설	도서관을 이용할 때는 무엇을 해야 합니까?	세미나실, 열람실, 자료, 빌리다, 복사실, 복사하다, 멀티미디어센터, 동영상 자료를 만들다, 좌석표, 필요하다, 미리	도 -을 수 있고 도 -을 수 있습니다 -을 때는	도서관 시설 이용 방법에 대해서 문의하기
		컴퓨터실을 이용할 수 있지요?	세탁실, 컴퓨터실, 휴게실, 헬스장, 계절학기, 동전, 기숙사비	-지요? -으니까 -을 거예요	기숙사에 대한 정보 문의하기
		우선 예약부터 하세요	회원 등록을 하다, 체육관, 테니스장, 셔틀버스, 관리실, 시험 기간, 평일, 공휴일	부터 -으세요 만 -을 수 있어요	체육 시설 이용하기
4	모임	이번 주 목요일에 개강 모임이 있는데 갈 거야?	개강 모임, 개강하다, 종강 파티, 종강하다, 후배, 동기, 모이다, 모임을 하다, 시간을 보내다	비격식체 반말 -었던	개강 모임에 대해서 말하기
		마리아가 발표하는 것이 좋겠다	조, 조원, 내용, 내용을 정리하다, 피피티(PPT), 피피티를 만들다, 발표문을 쓰다, 요약하다	-을래요? 격식체 반말(-다, 는다, -니? -어라)	조별 과제 모임에 대해서 말하기
		손님이 많은 걸 보면 음식이 맛있는 것 같아	뒤풀이, 행사, 축제, 음악회, 술집, 회비, 2차, 계획을 세우다	-자 -는 걸 보면 -는 것 같아요	뒤풀이에 대해서 말하기
5	쇼핑	인터넷으로 사는 것이 백화점에서 사는 것에 비해서 싸고 편해	인터넷 쇼핑몰, 모바일 쇼핑몰, 홈쇼핑, 편하다, 물건, 품질, 디자인, 결제, 카드, 무료 배송, 직접	에 비해서 -고말고요	온라인 쇼핑하기
		내가 보기에는 비싼 것 같아	고르다, 구경거리, 싱싱하다, 값을 깎다. 어울리다	-는구나 내가 보기에는 -는 것 같아	시장에서 쇼핑하기
		한 번밖에 안 썼어요	중고품, 가격, 선풍기, 거의, 새 것	-던 밖에	벼룩시장 이용하기 (중고품 사고 팔기)

과	주제	제목	어휘	표현	과제
6	건강	운동을 하니까 건강이 좋아졌어요	건강, 건강하다, 날씬하다, 효과가 있다, 항상, 실내, 축구장	-으니까 -어 졌어요 -다고 하다	운동의 중요성에 대해서 말하기
		스트레스를 받지 않는 날이 없어요	스트레스를 받다, 스트레스가 풀리다, 취미생활, 산책, 스트레칭	-지 않는 -이/가/은/는 없어요 -이/가 없는 -이/가/은/는 없어요 -거나	스트레스 관리에 대해서 말하기
		친구가 운동하자고 해서 수영을 시작했어요	증상, 야식, 잠이 안 오다, 속이 안 좋다, 소화가 안 되다, 살이 찌다, 자꾸, 끊다, 습관을 고치다, 도움이 되다	-기 때문에 -자고 해서 -으라고 해서	건강을 위한 습관에 대해서 말하기
7	온라인	한국 역사에 대해서 발표하려고 자료를 찾고 있어	인터넷을 하다, 인터넷이 잘 되다, 인터넷이 안 되다, 자료를 찾다, 인터넷 강의를 듣다, 건축. 환경, 조선 시대	에 대해서 -어야겠다	학교 수업을 위한 인터넷 활용하기
		그 사이트에서 찾을 수 있는 줄 몰랐어요	예매하다, 클릭하다, 다운로드(를) 하다, 연예, 블로그, 무료	아무리 -어도 -는 줄 몰랐어요	인터넷으로 정보 찾기
		리에에게 인터넷을 고쳐 달라고 해야겠다	SNS, 웹하드, 용량, 속도, 인터넷이 끊기다, 와이파이가 되다, 공사를 하다, 고치다, 문제를 해결하다	-어서 그런지 -어 달라고 해야겠다	인터넷 문제 상황 해결하기
8	대학문화	야구를 좋아하는 학생이면 누구든지 들어 갈 수 있어	신입회원, 대환영, 관심이 있다, 동아리 방, 엠티(MT), 기회를 놓치다, 힙합댄스	-다고 하니까 -으면 (의문사)이든지	동아리 활동에 대해서 말하기
		얼마나 재미있는지 몰라요	축제, 축제 기간, 공연, 장터, 응원제, 노래 대회, 전시회, 볼거리, 참가하다	-다고/자고/냐고 하는데 -을래요? 얼마나 -는지 몰라요	축제에 대해서 말하기
		스터디 모임을 할까 해	스터디를 하다, 스터디 모임, 문법, 대학원, 입학	-을까 하는데 -으니까 -는 게 좋은 것 같아	스터디 모임에 대해서 말하기
9	부탁과 상담	대학교 입학에 대해서 알아보려고 왔는데요	취직, 자기소개서, 이력서, 경험, 솔직하게, 휴학, 비자 연장, 구하다, 조언하다, 지도 교수, 상담을 받다	에 대해서 알아보려고 왔는데요 -는데 무엇을(어떻게, 어디(에)서, 언제) 해야 할지 모르겠어요	상담실에서 상담하기
		내일이 시험인데 어떻게 하지요?	걱정, 기분이 나쁘다, 안색이 안 좋다, 마음에 들다, 입원, 고백하다	-나 봐요 -는데 어떻게 하지요?	친구와 상담하기
		죄송합니다만 발표 순서를 바꿀 수있을까요?	부탁드리다, 주제, 순서, 정하다, 연기하다, 찾아가다, 제출하다	죄송합니다만 -지 않으면 안 됩니다	교수님과 학업에 대해서 상담하기
10	여가생활	아기들에게 밥을 먹이거나 몸을 씻기는 일을 합니다	재우다, 먹이다, 씻기다, 입히다, 알리다, 돌보다, 책임감, 환경보호운동, 몸이 불편하다	사동 -는데 -을 수 있겠어요?	봉사활동에 대해서 말하기
		리에 씨도 등산을 하면 좋을 것 같아요	요가, 여행, 맛집, 악기(피아노, 드럼, 바이올린 등)를 배우다, 연주하다, 그림을 그리다, 자전거를 타다, 보람을 느끼다	-으면/면 좋을 것 같아요 -으면 -을수록	취미에 대해서 말하기
		어제 연극을 봤는데 참 재미있더군요	연극, 뮤지컬, 배우, 콘서트, 케이팝, 포스터, 알아보다, 기대가 되다	-더군요 -을 테니까	공연에 대해서 말하기

Table of Contents

Chapter	Theme	Title	Vocabulary	Expression	Task
6	Health	My health got better because I exercise	health, to be healthy, to be thin, to have effects/benefits, always, indoors, soccer field	-으니까 -어 졌어요 -다고 하다	The importance of exercise
		There is not a day when I don't get stressed	to get stressed, to release stress, hobbies, taking a walk, stretching	-지 않는 -이/가/은/는 없어요 -이/가 없는 -이/가/은/는 없어요 -거나	Stress management
		My friend asked that we should exercise together so I started swimming	symptom, late night snack, to not fall asleep, to have an upset stomach, to have indigestion, to gain weight, frequently, to break off, to fix a habit, to be helpful	-기 때문에 -자고 해서 -으라고 해서	Habits for good health
7	Online	I am looking for materials so I can do a presentation on Korean history	to use the internet, to have the internet working well, to have the internet not working well, to look for materials, to listen to an internet lecture, architecture, environment, Chosun Dynasty	에 대해서 -어야겠다	Using the internet for class
		I didn't know I could find it on that site	to book in advance (for a ticket), to click, to download, entertainment, blog, free of charge	아무리 -어도 -는 줄 몰랐어요	Finding information through the internet
		I should ask Rie to fix my internet	Social Networking Service, web hard/cloud site, capacity, speed, to have the internet cut off, to have wifi working, to be under construction, to fix, to solve a problem	-어서 그런지 -어 달라고 해야겠다	Solving internet problems
8	College Culture	Anyone who likes baseball can join	new member, warm welcome, to be interested in, club room, MT (membership training), to miss the opportunity, hip hop dance	-다고 하니까 -으면 (의문사)이든지	Club activities
		You have no idea how much fun it is	festival, festival period, performance, market place, cheering festival, singing contest, exhibition, things to see, to participate	-다고/자고/냐고 하는데 -을래요? 얼마나 -는지 몰라요	Festivals
		I'm thinking about having a study group	to study in group/have a study group, study group, grammar, graduate school, admission (into a school)	-을까 하는데 -으니까 -는 게 좋은 것 같아	Study groups
9	Requests and Counseling	I came to find out about getting admitted to this university	getting a job, self introduction, resume, experience, honestly, taking time off from school, visa extension, to look for/seek, to give advice, mentoring professor, to receive counseling	에 대해서 알아보려고 왔는데요 -는데 무엇을(어떻게, 어디(에)서, 언제) 해야 할지 모르겠어요	Receiving counseling at the counseling center
		What am I going to do? The test is tomorrow	worry, to feel bad, to lose color in one's face, to like, admission to a hospital, to confess	-나 봐요 -는데 어떻게 하지요?	Receiving counseling with a friend
		I am sorry but is it possible to change the order of my presentation?	to request/to ask a favor, theme/topics, order, to set/determine, to postpone, to visit, to submit/to present	죄송합니다만 -지 않으면 안 됩니다	Receiving counseling with a professor about your studies
10	Leisure Life	I am involved in the work of feeding the children and giving them baths	to put someone to sleep, to feed someone, to wash someone, to clothe someone, to inform someone, to take care of, sense of responsibility, campaign for environmental protection, to have bodily discomfort	사동 -는데 -을 수 있겠어요?	Volunteer work
		Rie, It would be good for you to go hiking	yoga, traveling, famous restaurants, to learn to play a musical instrument (piano, drums, violin, etc.), to play/to perform, to draw a picture, to ride a bicycle, to feel rewarding	-으면/면 좋을 것 같아요 -으면 -을수록	Hobbies
		I watched a play yesterday and it was very fun	a play, musical, actor, concert, K-pop, poster, to find out, to have high expectation for/to be excited	-더군요 -을 테니까	Performances

內容 構成

課	주제	タイトル	語彙	表現	課題
1	紹介	(1)経済学科1年生ワンウェイといいます	学年, 学科, 歴史学科, 法学科, 医学科, 政治学科	이라고 합니다 -기 위해서	自己紹介
		(2)チェジュドに行ったらぜひ海を見物してみて下さい	市場, 海, 博物館, 見物する, 有名だ, 美しい	만큼 -으면 -어 보세요	故郷紹介
		(3)私のルームメイトですが、今韓国語を勉強しています	専攻する, ピアノを弾く, 賢い, サークル, サークルに加入する	인데 -어요 -었으면 좋겠어요	友達紹介
2	学校 生活	(1)今学期の報告書はいつまで出すのですか	報告書, 報告書を出す, 中間試験, 期末試験, 試験を受ける, 発表, 発表する, 助手	은/는 -는 겁니까? 덕분에	授業について問い合わせる
		(2)私たちの学校のホームページに入ったらありました	情報, 情報を探す, ホームページ, ホームページに入る, 掲示板, 検索する, 奨学金, 申請する	-으니까 -었어요 -지 말고 -어 보세요	学校のホームページで情報を探す
		(3)料理を食べてもいいと思ってました	礼節(マナー), メッセージを送る, ゲームをする, 邪魔になる, 気をつける	중이에요 -는 중이에요 -어도 되는 줄 알았어요	学校生活のマナー
3	学校の 施設	(1)図書館を利用するときは何をしなければなりませんか	セミナー室, 閲覧室, 資料, 借りる, 複写室, コピーする, マルチメディアセンター, 動画データを作る, 座席表, 必要だ, あらかじめ	도 -을 수 있고 도 -을 수 있습니다 -을 때는	図書館の施設案内
		(2)コンピューター室を利用できるでしょう	洗濯室, コンピューター室, 休憩室, ジム, 季節学期, コイン, 寄宿舎費	-지요? -으니까 -을 거예요	寄宿舎についての情報を問い合わせる
		(3)まず予約からしてください	会員登録をする, 体育館, テニスコート, シャトルバス, 管理室, 試験期間, 平日, 公休日	부터 -으세요 만 -을 수 있어요	体育施設の利用
4	集まり	(1)今週木曜日に開講の集まりがあるが、行くつもりか	開講の集まり, 開講する, 終講パーティー, 終講する, 後輩, 同期, 集まる, 集まりをする, 時間を送る	비격식체 반말 -었던	開講の集まり
		(2)マリアが発表するのがよさそうだ	グループ, グループ員, 内容, 内容をまとめる, パワーポイント(PPT), PPTを作る, 発表文を書く, 要約する	-을래요? 격식체 반말(-다, 는다, -니? -어라)	グループ別課題の集まり
		(3)お客が多いのを見ると料理がおいしいみたいだ	打ち上げ, 行事, 祭り, 音楽会, 飲み屋, 会費, 2次会, 計画を立てる	-자 -는 걸 보면 -는 것 같아요	打ち上げ
5	ショッピング	(1)インターネットで買うのがデパートで買うのに比べて安くて楽だ	インターネットショッピングモール, モバイルショッピングモール, ホームショッピング, 楽だ, 品物, 品質, デザイン, 決済, カード, 無料配送, 直接	에 비해서 -고말고요	オンラインショッピング
		(2)私が見るには値段が高そうだ	選ぶ, 見もの, 新鮮だ, 値切る, 似合う	-는구나 내가 보기에는 -는 것 같아	市場でショッピング
		(3)1回しか使っていません	中古品, 価格, 扇風機, ほとんど, 新しいもの	-던 밖에	フリーマーケット利用(中古品売買)

課	주제	タイトル	語彙	表現	課題
6	健康	(1)運動をしたら健康になりました	健康, 健康だ, やせている, 効果がある, いつも, 室内, サッカー場	-으니까 -어 졌어요 -다고 하다	運動の重要性
		(2)ストレスを受けない日がありません	ストレスを受ける, ストレスが解消する, 趣味生活, 散歩, ストレッチ	-지 않는 -이/가/은/는 없어요 -이/가 없는 -이/가/은/는 없어요 -거나	ストレス管理
		(3)友達が運動しようといって水泳を始めました	症状, 夜食, 眠れない, お腹の調子が悪い, 消化が悪い, 太る, しきりに, 断つ, 習慣を直す, 助けになる	-기 때문에 -자고 해서 -으라고 해서	健康のための習慣
7	オンライン	(1)韓国の歴史について発表しようと資料を探している	インターネットをする, インターネットができる, インターネットができない, 資料を探す, インターネット講義を聞く, 建築, 環境, 朝鮮時代	에 대해서 -어야겠다	学校の授業のためのインターネットの活用
		(2)そのサイトで探せるのに気づきませんでした	予約する, クリックする, ダウンロード(を)する, 芸能, ブログ, 無料	아무리 -어도 -는 줄 몰랐어요	インターネットで情報を探す
		(3)りえにインターネットを直してくれるようにいわなければ	SNS, ウェブハード, 容量, 速度, インターネットが切れる, ワイファイができる, 工事をする, 直す, 問題を解決する	-어서 그런지 -어 달라고 해야겠다	インターネットの問題状況を解決する
8	大学 文化	(1)野球が好きな学生なら誰でも加入することができる	新入会員, 大歓迎, 関心がある, サークル部屋, エムティ(親睦旅行), 機会を逃す, ヒップホップダンス	-다고 하니까 -으면 (의문사)이든지	サークル活動
		(2)どんなに面白いことかわかりません	祭り, 祭り期間, 公演, 市場, 応援祭, 歌の大会, 展示会, 見どころ, 参加する	-다고/자고/냐고 하는데 -을래요? 얼마나 -는지 몰라요	祭り
		(3)勉強会をしようかと思う	勉強会をする, 勉強会, 文法, 大学院, 入学	-을까 하는데 -으니까 -는 게 좋은 것 같아	勉強会
9	依頼と 相談	(1)大学入学について調べてみようと来たのですが	就職, 自己紹介書, 履歴書, 経験, 率直に, 休学, ビザ延長, 求める, 助言する, 指導教授, 相談を受ける	에 대해서 알아보려고 왔는데요 -는데 무엇을(어떻게, 어디(에)서, 언제) 해야 할지 모르겠어요	相談室で相談
		(2)明日が試験ですが、どうしましょう	心配, 気分が悪い, 顔色がよくない, 気に入る, 入院, 告白する	-나 봐요 -는데 어떻게 하지요?	友達と相談
		(3)申し訳ありませんが発表の順序をかえられるでしょうか	お願いする, テーマ, 順序, 決める, 延期する, 訪ねていく, 提出する	죄송합니다만 -지 않으면 안 됩니다	教授と学業について相談する
10	余暇 生活	(1)赤ちゃんにご飯を食べさせたり、体を洗ってやったりします	寝かせる, 食べさせる, 洗ってやる, 着せる, 知らせる, 面倒をみる, 責任感, 環境保護運動, 体の具合が悪い	사동 -는데 -을 수 있겠어요?	ボランティア
		(2)りえさんも登山をしたらよさそうです	ヨガ, 旅行, おいしい店, 楽器(ピアノ, ドラム, バイオリンなど)を習う, 演奏する, 絵を描く, 自転車に乗る, やりがいを感じる	-으면/면 좋을 것 같아요 -으면 -을수록	趣味
		(3)昨日演劇を見ましたが、とても面白かったんですよ	演劇, ミュージカル, 俳優, コンサート, K-POP, ポスター, 調べる, 楽しみだ	-더군요 -을 테니까	公演

内容结构

课别	主题	题目	词汇	表达方式	学习目标
第一课	介绍	我是经济系 1 年级的王伟。	年级、系 / 专业、历史系、法学系、医学系、政治系	이라고 합니다 -기 위해서	自我介绍
		如果去济州岛，一定要去看一下海。	市场、大海、博物馆、逛、有名、美丽	만큼 -으면 -어 보세요	介绍故乡
		他是我的同屋，现在学习韩国语呢。	攻读、弹钢琴、聪明、社团、加入社团	인데 -어요 -었으면 좋겠어요	介绍朋友
第二课	学校生活	这个学期的报告书是最晚什么时候交?	报告书、交报告书、期中考试、期末考试、考试、发表、发表(动)、助教	은/는 -는 겁니까? 덕분에	课程咨询
		进我们学校的网站就有。	信息、查找信息、网站、进入网站、公告板、搜索、奖学金、申请	-으니까 -었어요 -지 말고 -어 보세요	在学校网站上查找信息
		我以为可以吃东西。	礼节 / 礼貌，发短信、玩游戏、碍事、小心	중이에요 -는 중이에요 -어도 되는 줄 알았어요	学校生活礼节
第三课	学校设施	使用图书馆时，需要做什么?	开课聚会、开课、结课聚会、结课、学弟学妹/后辈、同期/同届、聚、聚会、打发时间	도 -을 수 있고 도 -을 수 있습니다 -을 때는	图书馆使用指南
		可以使用微机房吧?	洗衣房、微机房、休息室、健身房、寒暑假学期、硬币、宿舍费	-지요? -으니까 -을 거예요	宿舍信息咨询
		请先预约吧。	注册会员、体育馆、网球场、校车、管理室、考试期间、平日、公休日	부터 -으세요 만 -을 수 있어요	体育设施的使用
第四课	聚会	这个星期四有开课聚会，你去吗?	开课聚会、开课、结课聚会、结课、学弟学妹/后辈、同期/同届、聚、聚会、打发时间	비격식체 반말 -었던	开课聚会
		由玛丽亚来发表比较好。	小组、小组成员、内容、整理内容、幻灯片、做幻灯片、写发表文、概括	-을래요? 격식체 반말(-다, 는다, -니? -어라)	分组课业沙龙
		看起来客人很多，好像很好吃。	聚餐、活动、庆典、音乐会、酒吧、会费、二次(聚会的地点)、制定计划	-자 -는 걸 보면 -는 것 같아요	聚餐
第五课	购物	网上买比在百货商店买，便宜又方便。	购物网站、移动购物网站、电视购物、方便、东西、质量、设计、付款、卡、免费送货、直接	에 비해서 -고말고요	网上购物
		我觉得贵。	挑选、看头、新鲜、砍价、适合	-는구나 내가 보기에는 -는 것 같아	市场购物
		只用了一次。	二手货、价格、风扇、几乎、新的	-던 밖에	利用跳蚤市场（二手货的买卖）

课别	主题	题目	词汇	表达方式	学习目标
第六课	健康	运动以后身体变得健康了。	健康、健康(形)、苗条、有效果、经常、室内、足球场	-으니까 -어 졌어요 -다고 하다	运动的重要性
		没有不感到疲劳的时候。	感到疲劳/有压力、缓解疲劳、业余爱好、散步、伸展运动	-지 않는 -이/가/은/는 없어요 -이/가 없는 -이/가/은/는 없어요 -거나	控制疲劳
		在朋友的劝说下我开始游泳了。	症状、夜宵、睡不着觉、胃不舒服、不消化、发胖、总(是)、戒、改习惯、有帮助	-기 때문에 -자고 해서 -으라고 해서	健康习惯
第七课	互联网	为了发表关于韩国历史的内容，在查找资料呢。	上网、网速很快、网速很慢、查找资料、听网络课程、建筑、环境、朝鲜时代	에 대해서 -어야겠다	为了学校课程，利用网络
		没想到能在那个网站上找到。	订购、点击、下载、演艺、博客、免费	아무리 -어도 -는 줄 몰랐어요	在网上查找信息
		要让利惠给我修修网络。	SNS、网络硬盘、容量、速度、断网、有wi-fi、施工、修、解决问题	-어서 그런지 -어 달라고 해야겠다	解决网络问题
第八课	大学文化	只要是喜欢棒球的学生，谁都可以加入。	新成员、热烈欢迎、感兴趣、社团工作室、联谊会、错过机会、街舞	-다고 하니까 -으면 (의문사)이든지	社团活动
		不知道有多开心呢。	庆典、庆典期间、演出/表演、集市、助威节、歌唱比赛、展览会、看点、参加	-다고/자고/냐고 하는데 -을래요? 얼마나 -는지 몰라요	庆典
		想要加入学习小组	小组学习、学习小组、语法、大学院、入学	-을까 하는데 -으니까 -는 게 좋은 것 같아	学习小组
第九课	请求与咨询	我来咨询关于大学入学的事情。	就业、自我介绍书、履历书、经验、坦率、休学、签证延期、求、建议、指导教授、咨询	에 대해서 알아보려고 왔는데요 -는데 무엇을(어떻게, 어디(에)서, 언제) 해야 할지 모르겠어요	在咨询中心咨询
		明天就考试了，怎么办?	担心、不高兴、脸色不好、相中、住院、表白	-나 봐요 -는데 어떻게 하지요?	向朋友请教
		不好意思，可以换一下发表顺序吗?	拜托、主题、顺序、排定、延期、拜访、提交	죄송합니다만 -지 않으면 안 됩니다	针对学业问题向教授讨教
第十课	业余生活	喂孩子们吃饭或给孩子们洗澡。	哄睡、喂、给……洗澡、给……穿、告知、照看、责任心、环保活动、身体不适	사동 -는데 -을 수 있겠어요?	志愿活动
		利惠最好也去爬山。	瑜伽、旅行、美食店、学乐器(钢琴、架子鼓、小提琴等)、演奏、画画、骑自行车、有意义	-으면/면 좋을 것 같아요 -으면 -을수록	爱好
		昨天看话剧了，挺有意思的。	话剧、音乐剧、演员、演唱会、韩国流行音乐、海报、打听、期待	-더군요 -을 테니까	演出

제 1 과

소개

01 경제학과 1학년 왕웨이라고 합니다

02 제주도에 가면 꼭 바다를 구경해 보세요

03 제 방 친구인데 지금 한국말을 공부하고 있어요

01 경제학과 1학년 왕웨이라고 합니다

학/습/목/표 이름, 학년, 전공을 말할 수 있다.

EN Objective be able to say your name, year and major
JP 学習目標 名前、学年、専攻を言うことができる。
CH 学习目标 会说名字、年级和专业。

준비해 봅시다

EN Let's get ready JP 準備してみましょう CH 热身活动

MP3/01

듣고 맞는 그림을 고르십시오.

EN Listen and choose the right picture. JP 聞いて正しい絵を選びなさい。 CH 听录音，选择正确的图片。

❶

☐

❷

☐

이야기해 봅시다

EN Let's speak JP 話してみましょう CH 说一说

표현 EN Expression JP 表現 CH 表达方式

이라고 합니다, -기 위해서

어휘 EN Vocabulary JP 語彙 CH 词汇

학년 year(in school), 学年, 年级、系
역사학과 department of history, 歴史学科, 历史系
의학과 department of medical science, 医学科, 医学系
학과 department of major, 学科, 专业
법학과 department of law, 法学科, 法学系
정치학과 department of politics, 政治学科, 政治系

01 연습해 봅시다.

EN Let's practice. JP 練習してみましょう。 CH 练习练习。

1. 다음과 같이 이야기해 봅시다.

EN Let's speak by following the example. JP 次のように話してみましょう。 CH 看图说话。

이름	나라	전공
왕웨이	중국	경제학
누엔	베트남	역사학
윈	태국	법학
아마라	몽골	의학
에리코	일본	정치학

보기

가 : 이름이 무엇입니까?

나 : 저는 중국에서 온 왕웨이라고 합니다.

2. 1번의 표를 보고 다음과 같이 이야기해 봅시다.

EN Look at the chart #1 and practice speaking by following the example. JP 1番の表を見て次のように話してみましょう。 CH 看表1说一说。

보기

가 : 왜 한국에 왔습니까?

나 : 대학교에서 한국의 경제를 공부하기 위해서 한국에 왔습니다.

02 〈보기〉와 같이 대화를 완성해 봅시다.

EN Complete the dialogue as it is shown in the example. JP 〈例〉のように対話を完成してみましょう。 CH 仿照范例完成对话。

보기

가 : 이름이 무엇입니까?

나 : 저는 중국에서 온 왕웨이라고 합니다.

가 : 전공이 무엇입니까?

나 : 경제학입니다.

가 : 왜 한국에 왔습니까?

나 : 대학교에서 한국의 경제를 공부하기 위해서 한국에 왔습니다.

03 친구는 어떤 사람입니까? 이야기해 봅시다.

EN What type of person is your friend? Let's talk about it. JP 友達はどんな人ですか。話してみましょう。
CH 清说一说，你的同学是什么样的人。

이름	나라	학과	하고 싶은 일
퓨퓨	미얀마	컴퓨터공학과	한국의 회사에서 일하고 싶습니다

보기

가 : 안녕하세요? 저는 김미선이라고 합니다.

나 : 네, 안녕하세요? 저는 퓨퓨라고 합니다.

가 : 어디에서 오셨어요?

나 : 미얀마에서 왔습니다.

가 : 무엇을 공부하기 위해서 한국에 왔습니까?

나 : 컴퓨터공학을 공부하기 위해서 한국에 왔습니다.

가 : 앞으로 무슨 일을 하고 싶어요?

나 : 저는 한국의 회사에서 일하고 싶습니다.

정리해 봅시다

EN Let's review JP まとめてみましょう CH 整理整理

친구들에게 자기소개를 해 봅시다.

EN Introduce yourself to your friends. JP 友達に自己紹介をしてみましょう。 CH 向同学介绍一下自己。

02 제주도에 가면 꼭 바다를 구경해 보세요

학/습/목/표 고향을 소개할 수 있다.

EN Objective be able to introduce your hometown
JP 学習目標 故郷を紹介することができる。
CH 学习目标 会介绍故乡。

준비해 봅시다 EN Let's get ready JP 準備してみましょう CH 热身活动

MP3/02

듣고 맞는 그림을 고르십시오.

EN Listen and choose the right picture. JP 聞いて正しい絵を選びなさい。 CH 听录音，选择正确的图片。

❶

☐

❷
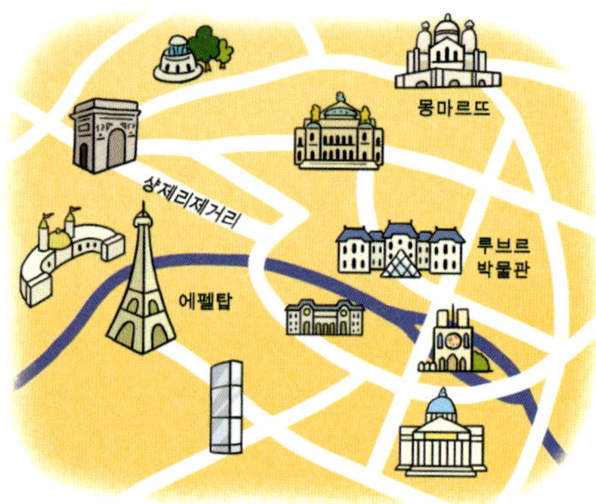

☐

이야기해 봅시다 EN Let's speak JP 話してみましょう CH 说一说

표현 EN Expression JP 表現 CH 表达方式

만큼, -으면 -어 보세요

어휘 EN Vocabulary JP 語彙 CH 词汇

시장 market, 市場, 市场
박물관 museum, 博物館, 博物馆
유명하다 to be famous, 有名だ, 有名
바다 beach/sea, 海, 大海
구경하다 to look around, 見物する, 逛
아름답다 to be beautiful, 美しい, 美丽

01 연습해 봅시다.

EN Let's practice. JP 練習してみましょう。 CH 练习练习。

1. 다음과 같이 이야기해 봅시다.

EN Let's speak by following the example. JP 次のように話してみましょう。 CH 看图说话。

❶ 

오사카 성(오사카)

❷ 

자갈치 시장(부산)

❸ 

귤(제주도)

❹ 

루브르 박물관(파리)

❺ 

오리고기(베이징)

❻ 

캥거루 공원(시드니)

보기

가 : 오사카는 무엇이 유명해요?

나 : 오사카성이 유명해요. 오사카에 가면 꼭 가 보세요.

2. 1번의 그림을 보고 다음과 같이 이야기해 봅시다.

EN Look at the picture #1 and practice speaking by following the example. JP 1番の絵を見て次のように話してみましょう。
CH 看图1说一说。

보기

가 : 오사카성이 아름다워요?

나 : 네, 경복궁만큼 아름다워요.

02 〈보기〉와 같이 대화를 완성해 봅시다.

EN Complete the dialogue as it is shown in the example. JP 〈例〉のように対話を完成してみましょう。 CH 仿照范例完成对话。

보기

가 : 어디에서 왔어요?
나 : 오사카에서 왔어요.
가 : 그래요? 제가 다음 달에 오사카에 가는데 오사카는 무엇이 유명해요?
나 : 오사카성이 유명해요. 한번 가 보세요. 한국의 경복궁만큼 아름다워요.
가 : 네, 그런데 오사카는 무슨 음식이 맛있어요?
나: 우동이 맛있어요. 꼭 드셔 보세요.

03 친구의 고향은 어디입니까? 이야기해 봅시다.

EN Where is your friend's hometown? Let's talk about it. JP 友達の故郷はどこですか。話してみましょう。
CH 请说一说，你同学的故乡是哪里。

이름	미선	친구 1	친구 2
고향	부산		
유명한 곳	자갈치 시장		
유명한 음식	생선		

보기

가 : 고향이 어디예요?
나 : 부산이에요.
가 : 그래요? 제가 다음 주에 부산에 가는데 부산은 무엇이 유명해요?
나 : 자갈치 시장이 유명해요. 동대문 시장만큼 볼 것이 많아요. 부산에 가면 자갈치 시장을 구경해 보세요.
가 : 네, 꼭 가 볼게요.
나 : 자갈치 시장에 가면 생선도 드셔 보세요. 그곳의 생선은 정말 맛있어요.

정리해 봅시다

EN Let's review JP まとめてみましょう CH 整理整理

고향을 소개해 보십시오.

EN Introduce your hometown. JP 故郷を紹介してみてください。 CH 请介绍一下自己的故乡。

03 제 방 친구인데 지금 한국말을 공부하고 있어요

학/습/목/표 다른 사람을 소개할 수 있다.

EN Objective be able to introduce another person
JP 学習目標 他の人を紹介することができる。
CH 学习目标 会介绍别人。

준비해 봅시다

EN Let's get ready JP 準備してみましょう CH 热身活动

MP3/03

듣고 맞는 그림을 고르십시오.

EN Listen and choose the right picture. JP 聞いて正しい絵を選びなさい。 CH 听录音，选择正确的图片。

❶

☐

❷

☐

이야기해 봅시다

EN Let's speak JP 話してみましょう CH 说一说

표현 EN Expression JP 表現 CH 表达方式

인데 -어요, -었으면 좋겠어요

어휘 EN Vocabulary JP 語彙 CH 词汇

전공하다 to major in, 専攻する, 攻读
똑똑하다 to be smart, 賢い, 聪明
동아리에 들다 to join a club, サークルに加入する, 加入社团
피아노를 치다 to play piano, ピアノを弾く, 弹钢琴
동아리 club, サークル, 社团

01 연습해 봅시다.

EN Let's practice. JP 練習してみましょう。 CH 练习练习。

1. 다음과 같이 이야기해 봅시다.

EN Let's speak by following the example. JP 次のように話してみましょう。 CH 看图说话。

❶

방 친구

❷

동아리 친구

❸

고향 친구

❹

기숙사 친구

❺

방 친구

보기

가 : 저 사람은 누구예요?

나 : 제 방 친구인데 피아노를 전공하고 있어요.

2. 1번의 그림을 보고 다음과 같이 이야기해 봅시다.

EN Look at the picture #1 and practice speaking by following the example. JP 1番の絵を見て次のように話してみましょう。
CH 看图1说一说。

보기

가 : 방 친구 전공이 피아노예요? 그럼 피아노를 아주 잘 치겠어요.

나 : 네, 아주 잘 쳐요.

가 : 저도 피아노를 잘 쳤으면 좋겠어요.

02 〈보기〉와 같이 대화를 완성해 봅시다.

EN Complete the dialogue as it is shown in the example. JP 〈例〉のように対話を完成してみましょう。 CH 仿照范例完成对话。

보기

가 : 저 사람은 누구예요?

나 : 방 친구 리에 씨인데 피아노를 전공하고 있어요.

가 : 방 친구가 일본 사람이에요?

나 : 네, 똑똑하고 피아노도 잘 쳐요.

가 : 저도 피아노를 잘 쳤으면 좋겠어요.

03 사진에 있는 사람은 누구입니까? 이야기해 봅시다.

EN Who is in the picture? Let's talk about it. JP 写真に写っている人は誰ですか。話してみましょう。 CH 请说一说，照片中的人是谁。

보기

가 : 리에 씨, 사진에 있는 이 분은 누구세요?

나 : 고향 친구 야마다 씨인데 한국에서 역사학을 전공하고 있어요.

가 : 그럼 한국 역사를 잘 알겠어요. 저도 한국 역사를 배웠으면 좋겠어요.

나 : 그럼 우리 동아리에 와 보세요.

가 : 동아리요? 리에 씨는 무슨 동아리에 들었어요?

나 : 저는 역사 동아리에 들었어요.

정리해 봅시다

EN Let's review JP まとめてみましょう CH 整理整理

친구의 사진을 보여주고 소개해 봅시다.

EN Show a picture of your friend and introduce him/her. JP 友達の写真を見せて紹介してみましょう。 CH 拿出一张朋友的照片，介绍一下。

제2과

학교 생활

01 이번 학기 보고서는 언제까지 내는 겁니까?

02 우리 학교 홈페이지에 들어가니까 있었어요

03 음식을 먹어도 되는 줄 알았어요

01 이번 학기 보고서는 언제까지 내는 겁니까?

학/습/목/표 듣고 싶은 수업에 대해 문의할 수 있다.

EN Objective be able to ask about a class you want to take

JP 学習目標 受けたい授業について問い合わせることができる。

CH 学习目标 会咨询想修的课程。

준비해 봅시다

EN Let's get ready JP 準備してみましょう CH 热身活动

MP3/04

듣고 맞는 그림을 고르십시오.

EN Listen and choose the right picture. JP 聞いて正しい絵を選びなさい。 CH 听录音，选择正确的图片。

❶

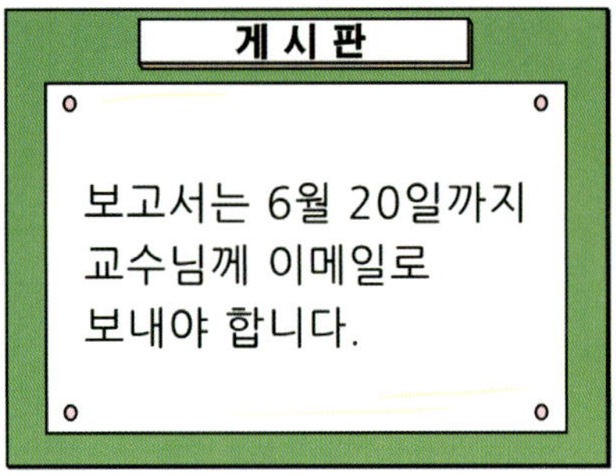

☐

❷

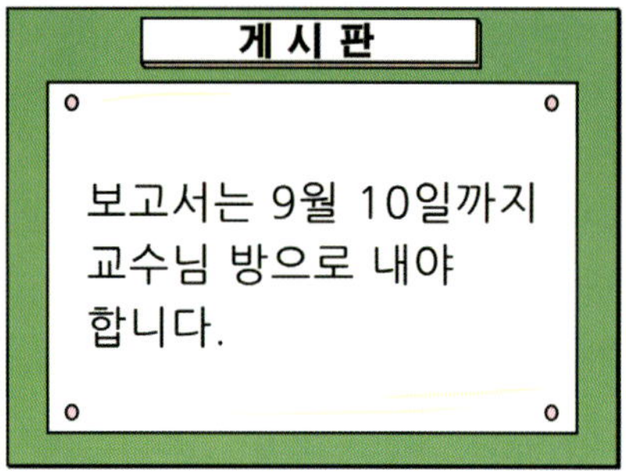

☐

이야기해 봅시다

EN Let's speak JP 話してみましょう CH 说一说

표현 EN Expression JP 表現 CH 表达方式

은/는 -는 겁니까?, 덕분에

어휘 EN Vocabulary JP 語彙 CH 词汇

보고서 report, 報告書, 报告书

중간 시험 midterm exam, 中間試験, 期中考试

시험을 보다 to take an exam, 試験を受ける, 考试

발표하다 to give a presentation, 発表する, 发表(动)

보고서를 내다 to turn in a report, 報告書を出す, 交报告书

기말 시험 final exam, 期末試験, 期末考试

발표 presentation, 発表, 发表

조교 teaching assistant, 助手, 助教

01 연습해 봅시다.

EN Let's practice. JP 練習してみましょう。 CH 练习练习。

1. 다음과 같이 이야기해 봅시다.

EN Let's speak by following the example. JP 次のように話してみましょう。 CH 看图说话。

수업 이름	평가 방법	도와 준 사람
한국사	발표, 중간 시험, 보고서(6월 23일)	조교
경제학	발표, 기말 시험, 보고서(6월 20일)	교수님
한국 문학	발표, 중간 시험, 보고서(6월 18일)	김미선 씨
회사 경영	중간 시험, 기말 시험, 보고서(4월 12일)	이영수 씨

보기

가 : 조교님, 이번 학기 한국사 보고서는 언제까지 내는 겁니까?

나 : 6월 23일까지 내야 합니다.

2. 1번의 표를 보고 다음과 같이 이야기해 봅시다.

EN Look at the chart #1 and practice speaking by following the example. JP 1番の表を見て次のように話してみましょう。
CH 看表1说一说。

보기

가 : 안녕하세요, 마이클 씨. 중간 시험은 잘 봤어요?

나 : 네, 조교님이 시험 날짜와 장소를 잘 알려 주셔서 조교님 덕분에 잘 봤어요.

02 〈보기〉와 같이 대화를 완성해 봅시다.

EN Complete the dialogue as it is shown in the example. JP 〈例〉のように対話を完成してみましょう。 CH 仿照范例，完成对话。

보기

가 : 다음 학기 한국사 수업은 언제부터 시작합니까?

나 : 3월 2일부터 시작합니다.

가 : 수업시간에는 발표도 하고 시험도 봐야 합니까?

나 : 네, 발표도 하고 중간 시험을 봐야 해요. 학기말에는 시험이 없고 보고서를 내야 합니다.

가 : 보고서는 언제까지 내는 겁니까?

나 : 6월 23일까지 내야 합니다.

가: 그렇군요. 감사합니다. 조교님 덕분에 잘 알았습니다.

03 지난 학기에 들은 수업이 무엇이었습니까? 이야기해 봅시다.

EN What was the class that you took last semester? Let's talk about it. JP 前の学期に受けた授業は何でしたか。話してみましょう。
CH 请说一说，上学期听了哪些课。

친구 이름	지난 학기에 들은 수업 이름	평가 방법
웨이	마케팅	발표 (○), 중간 시험 (○), 기말 시험 (○), 보고서 (×)

보기

가 : 웨이 씨, 지난 학기에 마케팅 수업을 들었지요? 수업이 어땠어요?

나 : 교수님 덕분에 수업이 참 재미있었어요.

가 : 수업 시간에는 발표도 해요?

나 : 네, 발표도 하고 시험도 봐요. 하지만 보고서는 없어요.

가 : 발표는 언제 하는 거예요?

나 : 중간 시험을 보기 전에 해요. 저는 친구들과 같이 준비해서 힘들지 않았어요.

정리해 봅시다

EN Let's review JP まとめてみましょう CH 整理整理

이번 학기에 무슨 수업을 듣고 있습니까? 친구들에게 이야기해 봅시다.

EN What classes are you taking this semester? Let's talk about it with your friends.
JP 今学期に何の授業を受けていますか。友達に話してみましょう。
CH 请跟同学说一说，这个学期在听什么课。

02 우리 학교 홈페이지에 들어가니까 있었어요

학/습/목/표 홈페이지에서 필요한 정보를 찾을 수 있다.

EN Objective be able to find information you need on a homepage

JP 学習目標 ホームページで必要な情報を探すことができる。

CH 学习目标 会在网站上查到需要的信息。

준비해 봅시다

EN Let's get ready JP 準備してみましょう CH 热身活动

MP3/05

듣고 맞는 그림을 고르십시오.

EN Listen and choose the right picture. JP 聞いて正しい絵を選びなさい。 CH 听录音，选择正确的图片。

①

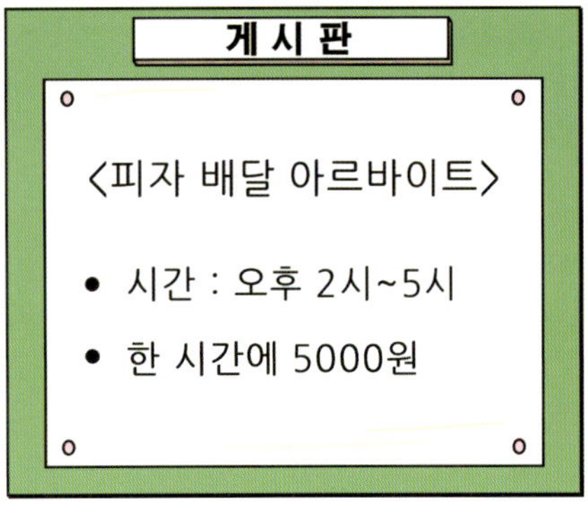

②

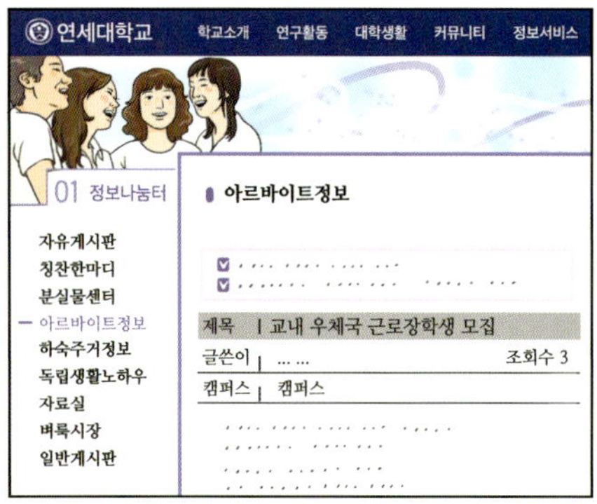

이야기해 봅시다

EN Let's speak JP 話してみましょう CH 说一说

표현 EN Expression JP 表現 CH 表达方式

-으니까 -었어요, -지 말고 -어 보세요

어휘 EN Vocabulary JP 語彙 CH 词汇

정보 information, 情報, 信息

홈페이지 homepage, ホームページ, 网站

게시판 bulletin board, 掲示板, 公告板

장학금 scholarship, 奨学金, 奖学金

정보를 찾다 to look up information, 情報を探す, 查找信息

홈페이지에 들어가다 to go to the homepage, ホームページに入る, 进入网站

검색하다 to search, 検索する, 搜索

신청하다 to apply, 申請する, 申请

01 연습해 봅시다.

EN Let's practice. JP 練習してみましょう。 CH 练习练习。

1. 다음과 같이 이야기해 봅시다.

EN Let's speak by following the example. JP 次のように話してみましょう。 CH 看图说话。

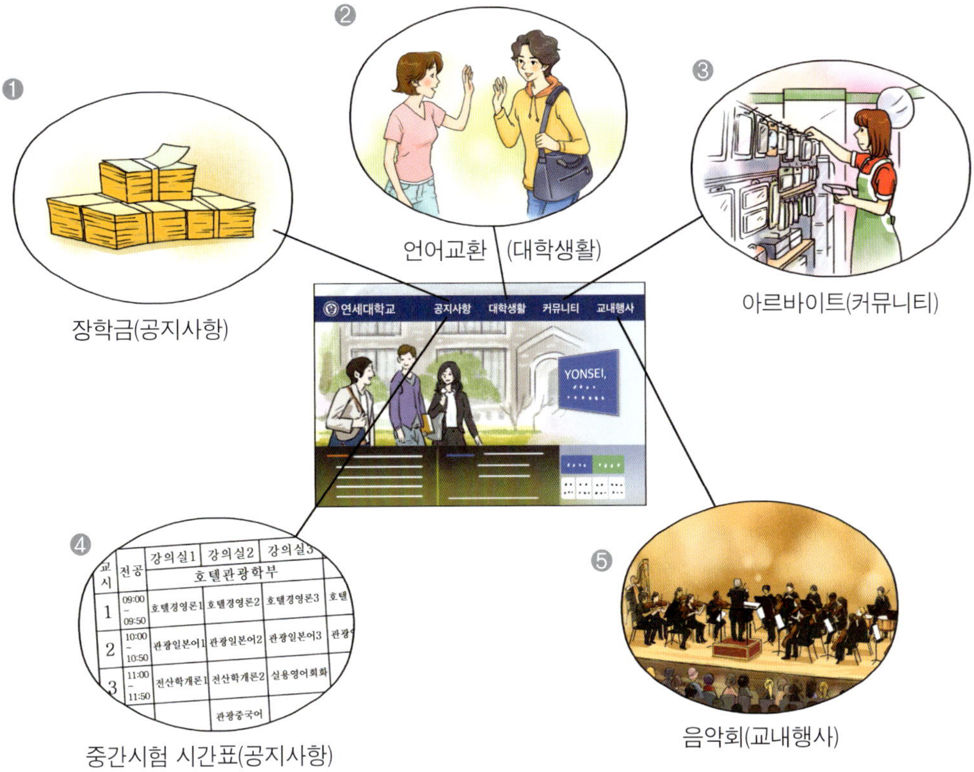

보기

가 : 어떻게 장학금 정보를 찾았어요?

나 : 홈페이지에 들어가니까 있었어요.

2. 1번의 그림을 보고 다음과 같이 이야기해 봅시다.

EN Look at the picture #1 and practice speaking by following the example. JP 1番の絵を見て次のように話してみましょう。
CH 看图1说一说。

보기

가 : 연세소식을 봤는데 장학금 정보가 없어요.

나 : 연세소식에 들어가지 말고 공지사항에 들어가 보세요.

02 〈보기〉와 같이 대화를 완성해 봅시다.

EN Complete the dialogue as it is shown in the example. JP 〈例〉のように対話を完成してみましょう。 CH 仿照范例，完成对话。

보기

가 : 웨이 씨, 어디에서 장학금 정보를 찾았어요?

나 : 우리학교 홈페이지에 가니까 있었어요.

가 : 그래요? 저도 홈페이지에 들어갔는데 못 찾았어요.

나 : 홈페이지에서 어디에 들어갔어요?

가 : 커뮤니티에 들어갔어요.

나 : 커뮤니티에는 없어요. 거기에 들어가지 말고 공지사항에 들어가 보세요. 장학금 정보가 있을 거예요.

03 어디에서 정보를 찾을 수 있습니까? 이야기해 봅시다.

EN Where can you find information? Let's talk about it. JP どこで情報を探すことができますか。話してみましょう。
CH 请说一说，在哪里能查到信息。

	미선	친구
홈페이지에서 무슨 정보를 찾았습니까?	언어교환	
그 정보는 어디에 있습니까?	공지사항	

보기

가: 미선 씨, 이번 주말에 뭐 해요?

나 : 언어교환 친구를 만나요.

가 : 그렇군요. 저도 언어교환을 하고 싶은데 어떻게 언어교환 친구를 찾았어요?

나 : 우리학교 홈페이지에 들어가니까 언어교환 정보가 있었어요.

가 : 그래요? 저도 홈페이지에 매일 들어가는데 못 찾았어요. 홈페이지에서 어디에 들어갔어요?

나: 공지사항이요. 다른 곳에서 찾지 말고 공지사항에 들어가 보세요.

정리해 봅시다

EN Let's review JP まとめてみましょう CH 整理整理

홈페이지 이용 경험을 이야기해 보십시오.

EN Talk about an experience you had using a homepage. JP ホームページの利用経験を話してみてください。 CH 请说一说，利用网站的经验。

03 음식을 먹어도 되는 줄 알았어요

학/습/목/표 학교생활 예절을 이야기할 수 있다.

EN Objective be able to talk about manners in your school life
JP 学習目標 学校生活のマナーを話すことができる。
CH 学习目标 会讲述学校生活礼节。

준비해 봅시다 EN Let's get ready JP 準備してみましょう CH 热身活动

MP3/06

리에 씨는 어떻게 하겠습니까? 듣고 맞는 그림을 고르십시오.

EN What will Rie do? Listen and choose the right picture. JP りえさんはどのようにしますか。聞いて正しい絵を選びなさい。
CH 利惠可能会怎么做？听录音，选择正确的图片。

❶

☐

❷

☐

이야기해 봅시다 EN Let's speak JP 話してみましょう CH 说一说

표현 EN Expression JP 表現 CH 表达方式

중이에요, -는 중이에요, -어도 되는 줄 알았어요

어휘 EN Vocabulary JP 語彙 CH 词汇

예절 manners, 礼節(マナー), 礼节 / 礼貌
게임을 하다 to play a game, ゲームをする, 玩游戏
조심하다 to be careful, 気をつける, 小心
메시지를 보내다 to send a message, メッセージを送る, 发短信
방해가 되다 to be a disturbance, 邪魔になる, 碍事

01 연습해 봅시다.

EN Let's practice. JP 練習してみましょう。 CH 练习练习。

1. 다음과 같이 이야기해 봅시다.

EN Let's speak by following the example. JP 次のように話してみましょう。 CH 看图说话。

❶

❷

❸

❹

보기

가 : 영어로 말하지 마세요.

나 : 네? 영어로 말하면 안 돼요?

가 : 네, 지금 한국어 수업 중이니까 영어로 말하면 안 돼요.

2. 1번의 그림을 보고 다음과 같이 이야기해 봅시다.

EN Look at the picture #1 and practice speaking by following the example JP 1番の絵を見て次のように話してみましょう。
CH 看图1说一说。

보기

가 : 한국어 수업 중에 영어로 말하면 안 돼요.

나 : 죄송합니다. 몰랐어요. 저는 영어로 말해도 되는 줄 알았어요.

02 〈보기〉와 같이 대화를 완성해 봅시다.

EN Complete the dialogue as it is shown in the example. JP 〈例〉のように対話を完成してみましょう。 CH 仿照范例完成对话。

보기

가 : 리에 씨, 지금 뭐 해요?
나 : 친구에게 메시지를 보내는 중이에요.
가 : 수업 시간에 휴대전화를 사용하면 안 돼요.
나 : 죄송합니다. 휴대전화를 사용해도 되는 줄 알았어요. 앞으로 조심하겠습니다.

03 여기에서 무엇을 하면 안 됩니까? 이야기해 봅시다.

EN What should you not do here? Let's talk about it. JP ここで何をしたらいけませんか。話してみましょう。
CH 请说一说，这里不可以做什么？

장소	하면 안 되는 것
컴퓨터실	게임을 하다
도서관	
기숙사	
학생식당	

보기

가 : 여보세요? 영수 씨, 지금 어디예요?
나 : 학교 컴퓨터실이에요.
가 : 거기에서 뭐 해요?
나 : 게임을 하는 중이에요.
가 : 학교 컴퓨터실에서 게임을 하면 안 돼요.
나 : 네? 몰랐어요. 게임을 해도 되는 줄 알았어요.
가 : 시끄러우니까 게임을 하면 안 돼요.

정리해 봅시다

EN Let's review JP まとめてみましょう CH 整理整理

학교에서 지켜야 하는 예절이 고향과 어떻게 다릅니까? 이야기해 봅시다.

EN How is the manner you need to keep at school different from your home country? Let's talk about it.
JP 学校で守らなければならないマナーが故郷のマナーとどのように異なりますか。話してみましょう。
CH 请说一说，跟故乡相比，在学校需要遵守的礼节有什么不同?

제3과

학교 시설

01 도서관을 이용할 때는 무엇을 해야 합니까?

02 컴퓨터실을 이용할 수 있지요?

03 우선 예약부터 하세요

01 도서관을 이용할 때는 무엇을 해야 합니까?

학/습/목/표 도서관 시설 이용 방법에 대해 문의할 수 있다.

EN Objective be able to ask how to use the library facilities
JP 学習目標 図書館の施設の利用方法について問い合わせることができる。
CH 学习目标 会咨询图书馆的使用方法。

준비해 봅시다 EN Let's get ready JP 準備してみましょう CH 热身活动

MP3/07

듣고 맞는 그림을 고르십시오.

EN Listen and choose the right picture. JP 聞いて正しい絵を選びなさい。 CH 听录音，选择正确的图片。

❶

☐

❷

☐

이야기해 봅시다 EN Let's speak JP 話してみましょう CH 说一说

표현 EN Expression JP 表現 CH 表达方式

도 -을 수 있고 도 -을 수 있습니다, -을 때는

어휘 EN Vocabulary JP 語彙 CH 词汇

세미나실 seminar room, セミナー室, 研讨室
자료 data/material, 資料, 资料
복사실 copier room, 複写室, 复印室
좌석표 seat number, 座席表, 座位表
미리 ahead of time, 必あらかじめ, 事先 / 提前
멀티미디어센터 multimedia center, マルチメディアセンター, 多媒体中心
동영상 자료를 만들다 to make a video as material, 動画データを作る, 制作视频资料
열람실 reading room, 閲覧室, 阅览室
빌리다 to borrow, 借りる, 借
복사하다 to make copies of, コピーする, 复印
필요하다 to need, 要だ, 需要

01 연습해 봅시다.

EN Let's practice. JP 練習してみましょう。 CH 练习练习。

1. 다음과 같이 이야기해 봅시다.

EN Let's speak by following the example. JP 次のように話してみましょう。 CH 看图说话。

❶

세미나실

홈페이지에서 예약하기(7일 전)

❷

열람실

좌석표 받기

❸
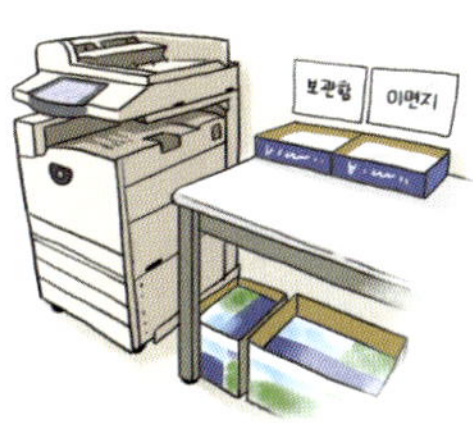

복사실

복사 카드 사기

❹

멀티미디어센터

홈페이지에서 예약하기(7일 전)

보기

가 : 세미나실에 가면 무엇을 할 수 있어요?

나 : 회의도 할 수 있고 공부도 할 수 있어요.

2. 1번의 그림을 보고 다음과 같이 이야기해 봅시다.

EN Look at the picture #1 and practice speaking by following the example JP 1番の絵を見て次のように話してみましょう。
CH 看图1说一说。

보기

가 : 세미나실을 이용할 때는 먼저 무엇을 해야 합니까?

나 : 이용하기 7일 전에 홈페이지에서 예약을 해야 합니다.

02 〈보기〉와 같이 대화를 완성해 봅시다.

EN Complete the dialogue as it is shown in the example. JP 〈例〉のように対話を完成してみましょう。 CH 仿照范例，完成对话。

보기

가 : 어디에 가세요?

나 : 세미나실에 가요.

가 : 세미나실에 가서 뭐 해요?

나 : 회의도 할 수 있고 공부도 할 수 있어요.

가 : 세미나실은 언제든지 이용할 수 있어요?

나 : 세미나실을 이용할 때는 이용하기 7일 전에 홈페이지에서 예약을 해야 합니다.

03 도서관을 이용할 때는 무엇을 주의해야 할까요? 이야기해 봅시다.

EN What do you need to be careful of while using the library? Let's talk about it. JP 図書館を利用するときは何を注意しなければならないでしょうか。話してみましょう。 CH 请说一说，使用图书馆时需要注意什么。

	멀티미디어센터	열람실	복사실
이용 시간	월~금, 8 : 30~21 : 30 토, 9 : 00~17 : 00	월~금, 8 : 00~22 : 00 토~일, 9 : 00~19 : 00 * 공휴일에는 쉽니다.	월~금, 8 : 00~22 : 00 토, 9 : 00~12 : 00
들어갈 때	학생증이 필요합니다.	학생증이 필요합니다.	학생증이 필요합니다.
주의할 것	좌석표를 받으십시오.	책은 10권까지, 15일 동안 빌릴 수 있습니다.	복사 카드가 필요합니다.
	동영상 자료를 만들 때는 3일전에 예약하십시오.	빌린 책을 돌려줄 때는 2층으로 가십시오.	복사할 때는 복사기에다가 책을 놓고 시작 버튼을 누르십시오.

보기

가 : 멀티미디어센터를 이용할 때는 무엇을 주의해야 합니까?

나 : 멀티미디어센터는 주중에도 이용할 수 있고 토요일에도 이용할 수 있지만 일요일에는 쉽니다.

가 : 멀티미디어센터에 들어갈 때는 학생증이 필요합니까?

나 : 네, 학생증이 없으면 들어갈 수 없어요. 그리고 좌석표를 받아야 합니다.

가 : 동영상 자료를 만들 때는 어떻게 해야 합니까?

나 : 3일 전에 예약을 해야 합니다.

정리해 봅시다

EN Let's review JP まとめてみましょう CH 整理整理

여러분은 도서관에서 무엇을 해 봤습니까? 이야기해 봅시다.

EN What have you tried to do in the library? Let's talk about it. JP みなさんは図書館で何をしてみましたか。話してみましょう。
CH 请谈一谈，大家在图书馆都做过什么。

02 컴퓨터실을 이용할 수 있지요?

학/습/목/표 기숙사 시설을 이용할 수 있다.

EN Objective be able to ask how to use the dormitory facilities

JP 学習目標 寄宿舎の施設を利用することができる。

CH 学习目标 会使用宿舍设施。

준비해 봅시다

EN Let's get ready JP 準備してみましょう CH 热身活动

MP3/08

듣고 맞는 대답을 고르십시오.

EN Listen and choose the right answer. JP 聞いて正しい答えを選びなさい。 CH 听录音，选择正确答案。

1. 지금 세탁실을 이용할 수 있습니까? 네 ☐ 아니요 ☐
2. 세탁기는 무료입니까? 네 ☐ 아니요 ☐

이야기해 봅시다

EN Let's speak JP 話してみましょう CH 说一说

표현 EN Expression JP 表現 CH 表达方式

-지요?, -으니까 -을 거예요

어휘 EN Vocabulary JP 語彙 CH 词汇

세탁실 laundry room, 洗濯室, 洗衣房

휴게실 lounge, 休憩室, 休息室

계절학기 summer and winter sessions, 季節学期, 寒暑假学期

기숙사비 dormitory fee, 寄宿舎費, 宿舍费

컴퓨터실 computer room, コンピューター室, 微机房

헬스장 gym, ジム, 健身房

동전 coins, コイン, 硬币

01 연습해 봅시다.

EN Let's practice. JP 練習してみましょう。 CH 练习练习。

1. 다음과 같이 이야기해 봅시다.

EN Let's speak by following the example. JP 次のように話してみましょう。 CH 看图说话。

한국대학교 기숙사

컴퓨터실

인터넷으로 신청해야 합니다.

세탁실

세탁기에 동전을 넣어야 합니다.

식당

식권을 사야 합니다.

헬스장

사무실에서 이용 신청을 해야 합니다.

보기

가 : 기숙사에서 컴퓨터실을 이용할 수 있지요?

나 : 네, 인터넷으로 신청하면 누구든지 이용할 수 있어요.

2. 1번의 그림을 보고 다음과 같이 이야기해 봅시다.

EN Look at the picture #1 and practice speaking by following the example JP 1番の絵を見て次のように話してみましょう。
CH 看图1说一说。

보기

가 : 학생들이 컴퓨터실을 자주 이용해요?

나 : 요즘 시험기간이니까 자주 이용할 거예요.

02 <보기>와 같이 대화를 완성해 봅시다.

EN Complete the dialogue as it is shown in the example. JP <例>のように対話を完成してみましょう。 CH 仿照范例，完成对话。

보기

가 : 기숙사에 사는 학생인데 식당에서 밥을 먹을 수 있지요?

나 : 네, 식권을 사면 식당을 이용할 수 있어요.

가 : 지금 식당에 사람이 많을까요?

나 : 기숙사에서 사는 학생들은 모두 기숙사 식당에서 밥을 먹어요. 지금은 저녁시간이니까 사람이 많을 거예요.

03 마음에 드는 기숙사를 골라 <보기>와 같이 대화를 완성해 봅시다.

EN Select a dormitory that you prefer and complete the dialogue as it is shown in the example. JP 気に入った寄宿舎を選んで<例>のように対話を完成してみましょう。 CH 选一个你喜欢的宿舍，仿照范例，完成对话。

새빛 기숙사

한빛 기숙사

별빛 기숙사

	새빛 기숙사	한빛 기숙사	별빛 기숙사
기숙사비	한 학기에 30만원	한 학기에 50만원	한 학기에 100만원
특별한 점	· 헬스장이 있습니다. · 방이 작습니다. · 식당 음식 값이 쌉니다.	· 헬스장이 있습니다. · 방이 큽니다. · 휴게실이 있습니다. · 컴퓨터실과 세미나실이 있습니다.	· 헬스장과 수영장이 있습니다. · 방이 크고 깨끗합니다. · 휴게실이 있습니다. · 컴퓨터실과 세미나실이 있습니다. · 복사 무료

보기

가 : 새빛 기숙사에 들어가고 싶어요.

나 : 새빛 기숙사는 싸니까 인기가 많을 거예요. 빨리 신청하세요.

가: 인터넷으로 신청할 수 있지요?

나 : 네, 홈페이지에 들어가면 신청방법이 나올 거예요. 홈페이지에서 신청한 후에 기숙사비를 내야 해요.

가 : 거기에서 운동도 할 수 있어요?

나 : 헬스장이 있으니까 할 수 있을 거예요.

정리해 봅시다

EN Let's review JP まとめてみましょう CH 整理整理

기숙사 시설 이용방법에 대해 이야기해 보십시오.

EN Talk about ways to use the facilities in the dormitory. JP 寄宿舎の施設の利用方法について話してみてください。
CH 请谈一谈，宿舍设施的使用方法。

03 우선 예약부터 하세요

학/습/목/표 학교 시설을 예약할 수 있다.

EN Objective be able to make a reservation to use a school facility
JP 学習目標 学校の施設を予約することができる。
CH 学习目标 会预约学校设施。

준비해 봅시다 EN Let's get ready JP 準備してみましょう CH 热身活动

MP3/09

여자는 무엇을 해야 합니까? 듣고 맞는 그림을 고르십시오.

EN What does the woman have to do? Listen and choose the right picture. JP 女性は何をしなければなりませんか。聞いて正しい絵を選びなさい。
CH 女的需要做什么？听录音，选择正确的图片。

❶

☐

❷

☐

이야기해 봅시다 EN Let's speak JP 話してみましょう CH 说一说

표현 EN Expression JP 表現 CH 表达方式

부터 -으세요, 만 -을 수 있어요

어휘 EN Vocabulary JP 語彙 CH 词汇

회원 등록을 하다 to register as a member, 会員登録をする, 注册会员
테니스장 tennis court, テニスコート, 网球场
관리실 management office, 管理室, 管理室
평일 weekday, 平日, 平日
체육관 gymnasium, 体育館, 体育馆
셔틀버스 shuttle bus, シャトルバス, 校车
시험 기간 exam week, 試験期間, 考试期间
공휴일 public holiday, 公休日, 公休日

01 연습해 봅시다.

EN Let's practice. JP 練習してみましょう。 CH 练习练习。

1. 다음과 같이 이야기해 봅시다.

EN Let's speak by following the example. JP 次のように話してみましょう。 CH 看图说话。

학교 시설	이용 방법
체육관	학교 홈페이지에서 예약
운동장	과 사무실에서 예약
헬스장	회원 등록
테니스장	헬스장에서 이용 신청
셔틀버스	학교 홈페이지에서 예약

보기

가 : 학교 체육관을 이용하고 싶은데 어떻게 해야 돼요?

나 : 우선 학교 홈페이지에서 예약부터 하세요.

2. 다음과 같이 이야기해 봅시다.

EN Let's speak by following the example. JP 次のように話してみましょう。 CH 看图说话。

보기

가 : 밤 12시까지 이용할 수 있어요?

나 : 아니요. 10시까지만 이용하실 수 있어요.

02 〈보기〉와 같이 대화를 완성해 봅시다.

EN Complete the dialogue as it is shown in the example. JP 〈例〉のように対話を完成してみましょう。 CH 仿照范例完成对话。

체육관

예약: 홈페이지 ○
전화 예약 ×
이용 시간: 평일 ○ 주말 ×

세미나실

이용 신청: 관리실
이용 시간: 평일 ○ 주말 ×
시험 기간 ×
└ 시험 1주일 전까지 ○

헬스장

회원 등록: 홈페이지
이용 시간: 평일과 토요일 ○
일요일과 공휴일 ×
음료수 × 물 ○

보기

가 : 체육관을 이용하고 싶어서 왔는데요.
나 : 우선 홈페이지에서 예약부터 하세요.
가 : 전화로 예약할 수 있어요?
나 : 아니요. 인터넷으로만 예약하실 수 있어요.
가 : 주말에도 체육관을 이용할 수 있어요?
나 : 아니요. 평일에만 이용하실 수 있어요.

03 전화를 걸어서 학교 시설을 예약해 봅시다.

EN Make a call and reserve a school facility. JP 電話をかけて学校の施設を予約してみましょう。 CH 请打电话预约一下学校设施。

농구장

	월	화	수	목	금
08:00 ~ 10:00	×	○	×	○	×
10:00 ~ 12:00	×	×	○	×	○
12:00 ~ 14:00	×	×	×	×	×
14:00 ~ 16:00	×	○	×	×	○
16:00 ~ 18:00	×	×	×	○	×
18:00 ~ 20:00	○	×	○	○	×

보기

가 : 여보세요? 농구장을 예약하려고 하는데요.

나 : 네. 우선 이름부터 말씀해 주세요.

가 : 마이클 스미스예요.

나 : 언제 이용하실 거예요?

가 : 토요일 오후 4시요.

나 : 토요일은 안 됩니다. 평일에만 이용하실 수 있어요.

가 : 그럼 월요일 4시에 예약해 주세요.

나 : 4시에는 예약이 끝났는데요. 월요일은 예약이 많아서 6시에만 예약하실 수 있어요.

가 : 그럼 6시에 예약해 주세요.

나 : 네. 예약되었습니다. 감사합니다.

정리해 봅시다

EN Let's review JP まとめてみましょう CH 整理整理

학교에 무슨 시설이 있습니까? 이야기해 봅시다.

EN What facilities are in the school? Let's talk about it. JP 学校に何の施設がありますか。話してみましょう。 CH 请说一说，学校都有哪些设施。

제4과

모임

01 이번 주 목요일에 개강 모임이 있는데 갈 거야?

02 마리아가 발표하는 것이 좋겠다

03 손님이 많은 걸 보면 음식이 맛있는 것 같아

01 이번 주 목요일에 개강 모임이 있는데 갈 거야?

학/습/목/표 개강 모임에 대해 비격식체 반말로 이야기할 수 있다.

EN Objective be able to speak informally about a back-to-school meeting
JP 学習目標 開講の集まりについて非格式体パンマルで話すことができる。
CH 学习目标 会用非格式体语谈开课聚会。

준비해 봅시다

EN Let's get ready JP 準備してみましょう CH 热身活动

MP3/10

듣고 맞는 그림을 고르십시오.

EN Listen and choose the right picture. JP 聞いて正しい絵を選びなさい。 CH 听录音，选择正确的图片。

❶

☐

❷

☐

이야기해 봅시다

EN Let's speak JP 話してみましょう CH 说一说

표현 EN Expression JP 表現 CH 表达方式

비격식체 반말, -었던

어휘 EN Vocabulary JP 語彙 CH 词汇

개강 모임 Back-to-school meeting, 開講の集まり, 开课聚会
종강 파티 End of school party, 終講パーティー, 结课聚会
후배 lowerclassman/junior, 後輩, 学弟学妹/后辈
모이다 to gather, 集まる, 聚
시간을 보내다 to spend time, 時間を送る, 打发时间
개강하다 to start classes, 開講する, 开课
종강하다 to end classes, 終講する, 结课
동기 students in the same year, 同期, 同期/同届
모임을 하다 to have a meeting, 集まりをする, 聚会

01 연습해 봅시다.

EN Let's practice. JP 練習してみましょう。 CH 练习练习。

1. 다음과 같이 이야기해 봅시다.

EN Let's speak by following the example. JP 次のように話してみましょう。 CH 看图说话。

개강 모임
어제 후배들과 간 한식집

발표 조 모임
지난주에 모인 세미나실

동아리 모임
지난달에 우리 과 동기들과 만난 삼겹살집

종강파티
동아리 모임을 한 중국집

보기

가 : 민수야, 다음 주 목요일에 개강 모임이 있는데 갈 거야?
나 : 응, 어디에서 모여?
가 : 어제 후배들과 갔던 한식집에서 모일 거야.

2. 1번의 그림을 보고 다음과 같이 이야기해 봅시다.

EN Look at the picture #1 and practice speaking by following the example JP 1番の絵を見て次のように話してみましょう。
CH 看图1说一说。

보기

가 : 어제 후배들과 갔던 한식집이 어땠어?
나 : 음식도 맛있고 값도 쌌어.

02 〈보기〉와 같이 대화를 완성해 봅시다.

EN Complete the dialogue as it is shown in the example. JP 〈例〉のように対話を完成してみましょう。 CH 仿照范例完成对话。

보기

가 : 영수야, 다음 주 목요일에 있는 개강 모임에 갈 거야?

나 : 응, 어디에서 모여?

가 : 지난번에 후배들과 갔던 한식집에서 모일 거야. 거기가 음식도 맛있고 값도 싼 것 같아.

나 : 몇 시에 만나?

가 : 6시까지 와.

나 : 알았어. 그날 만나.

03 모임 약속을 하는 대화를 만들고 이야기해 봅시다.

EN Make a dialogue about making plans for a meeting and try to speak. JP 集まりの約束をする対話を作って話してみましょう。
CH 组织一段参与聚会的对话，说一说。

모임	발표 조 모임	
누가	우리 조	
어디에서	지난번에 공부한 세미나실	
언제	다음 주 수요일 오후 3시	

보기

가 : 웨이야, 우리 조가 발표 조 모임을 해야 할 것 같아.

나 : 그래. 어디에서 할까?

가 : 지난번에 같이 공부했던 세미나실이 어때?

나 : 좋아. 언제 만날까?

가 : 다음 주 수요일 오후 3시에 만날까?

나 : 그래. 그날 봐.

정리해 봅시다

EN Let's review JP まとめてみましょう CH 整理整理

여러분은 모임에 가 봤습니까? 모임이 어땠습니까? 친구들에게 이야기해 봅시다.

EN Have you ever been to a meeting? How was the meeting? Let's talk about it with your friends.
JP みなさんは集まりに行ってみましたか。集まりはどうでしたか。友達に話してみましょう。
CH 请跟朋友们说一说，大家是否参加过聚会？聚会怎么样？

02 마리아가 발표하는 것이 좋겠다

학/습/목/표 후배와 조별 과제 준비를 할 수 있다.

EN Objective be able to prepare for a group project with an underclassman in school
JP 学習目標 後輩とグループ別課題の準備をすることができる。
CH 学习目标 会与学弟学妹一起准备分组课业。

준비해 봅시다

EN Let's get ready JP 準備してみましょう CH 热身活动

MP3/11

듣고 맞는 대답을 고르십시오.

EN Listen and choose the right answer. JP 聞いて正しい答えを選びなさい。 CH 听录音，选择正确答案。

1. 두 사람은 몇 시에 만납니까?

   ① 한 시 ② 한 시 삼십 분 ③ 두 시

2. 두 사람은 어디에서 만납니까? 도서관 앞 ☐ 식당 앞 ☐

이야기해 봅시다

EN Let's speak JP 話してみましょう CH 说一说

표현 EN Expression JP 表現 CH 表达方式

-을래요?, 격식체 반말(-는다, -다, -니?, -어라)

어휘 EN Vocabulary JP 語彙 CH 词汇

조 group, グループ, 小组
내용을 정리하다 to organize content, 内容をまとめる, 整理内容
피피티(PPT) powerpoint, パワーポイント(PPT), 幻灯片
피피티를 만들다 to create a PowerPoint presentation, PPTを作る, 做幻灯片
발표문을 쓰다 to write a presentation, 発表文を書く, 写发表文
조원 group members, グループ員, 小组成员
내용 content, 内容, 内容
요약하다 to summarize, 要約する, 概括

01 연습해 봅시다.

EN Let's practice. JP 練習してみましょう。 CH 练习练习。

1. 다음과 같이 이야기해 봅시다.

EN Let's speak by following the example. JP 次のように話してみましょう。 CH 看图说话。

보기

가 : 제임스야, 네가 피피티를 만들래?

나 : 네, 제가 만들게요.

2. 1번의 그림을 보고 다음과 같이 이야기해 봅시다.

EN Look at the picture #1 and practice speaking by following the example. JP 1番の絵を見て次のように話してみましょう。
CH 看图1说一说。

보기

가 : 이번 주까지 만들 수 있니?

나 : 네, 만들 수 있어요.

02 〈보기〉와 같이 대화를 완성해 봅시다.

EN Complete the dialogue as it is shown in the example. JP 〈例〉のように対話を完成してみましょう。 CH 仿照范例完成对话。

보기

가 : 4월 15일에 〈한국문학사〉 발표를 해야 하니까 이번 주부터 준비해야 할 것 같다.
나 : 네, 그런데 저는 무엇을 해야 돼요?
가 : 피피티를 만들 수 있니?
나 : 네, 만들 수 있어요.
가 : 그럼 피피티는 네가 만들래?
나 : 네, 제가 만들게요.

03 조원들과 발표 준비를 해 봅시다.

EN Let's prepare the presentation with your group members. JP グループ員と発表の準備をしてみましょう。
CH 请跟小组成员们一起准备一下发表。

맡은 일 / 과목명	나	친구 1	친구 2
중국문화의 이해	발표	내용 정리	피피티 만들기

보기

가 : 이제부터 〈중국문화의 이해〉 발표 준비를 시작해야 하는데 언제 조모임을 할까? 내일 오후 1시 어때?
나 : 네, 저는 좋아요.
가 : 그럼 1시에 도서관 앞으로 와라.
나 : 저희가 무엇을 준비하면 돼요?
가 : 리에는 내용을 정리하고 너는 피피티를 만들래? 발표는 내가 할게.
나 : 네, 그렇게 할게요.

정리해 봅시다

EN Let's review JP まとめてみましょう CH 整理整理

수업 발표 준비 경험을 이야기해 봅시다.

EN Let's talk about your experience with getting ready for a class presentation.
JP 授業の発表準備の経験を話してみましょう。
CH 请谈一谈，准备课堂发表的经历。

03 손님이 많은 걸 보면 음식이 맛있는 것 같아

학/습/목/표 뒤풀이 계획에 대해서 이야기할 수 있다.

EN Objective be able to talk about plans for an after-party
JP 学習目標 打ち上げの計画について話すことができる。
CH 学习目标 会谈论聚餐计划。

준비해 봅시다 EN Let's get ready JP 準備してみましょう CH 热身活动

MP3/12

무엇을 하겠습니까? 듣고 맞는 그림을 고르십시오.

EN What will they do? Listen and choose the right picture. JP 何をしますか。聞いて正しい絵を選びなさい。
CH 他们可能要做什么？听录音，选择正确的图片。

❶

☐

❷

☐

이야기해 봅시다 EN Let's speak JP 話してみましょう CH 说一说

표현 EN Expression JP 表現 CH 表达方式

-자, -는 걸 보면 -는 것 같아

어휘 EN Vocabulary JP 語彙 CH 词汇

뒤풀이 after-party, 打ち上げ, 聚餐
축제 festival, 祭り, 庆典
술집 bar, 飲み屋, 酒吧
2차 second round, 2次会, 二次(聚会的地点)
행사 event, 行事, 活动
음악회 music concert, 音楽会, 音乐会
회비 fee, 会費, 会费
계획을 세우다 to make a plan, 計画を立てる, 制定计划

01 연습해 봅시다.

EN Let's practice. JP 練習してみましょう。 CH 练习练习。

1. 다음과 같이 이야기해 봅시다.

EN Let's speak by following the example. JP 次のように話してみましょう。 CH 看图说话。

뒤풀이

① 동아리 행사
② 음악회
③ 학교 축제
④ 조 발표

보기

가 : 동아리 행사가 끝나고 어디에서 모일까?
나 : 뒤풀이는 지하철역 근처에 있는 중국집이 어때?
가 : 거긴 좀 머니까 학교 앞에 있는 치킨집에서 하자.

2. 다음과 같이 이야기해 봅시다.

EN Let's speak by following the example. JP 次のように話してみましょう。 CH 看图说话。

치킨집	술집	삼겹살집	양식집
손님이 많다	다른 동아리에서 자주 가다	텔레비전에 나온 적이 있다	커플이 많다

보기

가 : 그 치킨집은 어때?
나 : 손님이 많은 걸 보면 음식이 맛있는 것 같아.

02 〈보기〉와 같이 대화를 완성해 봅시다.

EN Complete the dialogue as it is shown in the example. JP 〈例〉のように対話を完成してみましょう。 CH 仿照范例完成对话。

보기

가 : 동아리 행사 뒤풀이를 어디에서 할까?

나 : 학교 앞에 있는 치킨집에서 하자.

가 : 거기에 가 봤어?

나 : 아니. 그런데 밖에서 기다리는 사람이 많은 걸 보면 음식이 맛있는 것 같아.

가 : 그래. 그럼 이번에는 치킨집에서 뒤풀이를 하자.

03 뒤풀이 계획을 세워 봅시다.

EN Make the plans for an after-party. JP 打ち上げの計画を立ててみましょう。 CH 请制定一个聚餐计划。

	음악회 뒤풀이	(　　　　　) 뒤풀이
시간	9시	
장소	삼겹살집	
2차	술집 × 노래방 ○	
회비	만 오천 원	

보기

가 : 음악회 뒤풀이를 언제 할까?

나 : 음악회가 끝나고 9시에 하자.

가 : 어디에서 할까?

나 : 학교 앞에 있는 삼겹살집에서 하자.

가 : 음식이 맛있어?

나 : 응. 손님이 많은 걸 보면 음식이 괜찮은 것 같아.

가 : 그래? 그럼 2차는 술집에서 할까?

나 : 술을 싫어하는 사람도 있으니까 노래방에서 하자.

가 : 그래. 회비는 얼마나 할까?

나 : 회비는 만 오천 원이 어때?

정리해 봅시다

EN Let's review JP まとめてみましょう CH 整理整理

동아리 공연 뒤풀이를 어떻게 하겠습니까? 이야기해 봅시다.

EN How will you do the after-party for the club performance? Let's talk about it.
JP サークルの公演の打ち上げをどのようにするつもりですか。話してみましょう。
CH 请谈一谈，如何举行社团演出后的聚餐？

제5과

쇼핑

01 인터넷으로 사는 것이 백화점에서 사는 것에 비해서 싸고 편해

02 내가 보기에는 비싼 것 같아

03 한 번밖에 안 썼어요

01 인터넷으로 사는 것이 백화점에서 사는 것에 비해서 싸고 편해

학/습/목/표 온라인으로 원하는 물건을 살 수 있다.

EN Objective be able to buy things you want on the internet
JP 学習目標 オンラインで欲しい品物を買うことができる。
CH 学习目标 会在网上买到想要的东西。

준비해 봅시다 EN Let's get ready JP 準備してみましょう CH 热身活动

MP3/13

듣고 맞는 그림을 고르십시오.

EN Listen and choose the right picture. JP 聞いて正しい絵を選びなさい。 CH 听录音，选择正确的图片。

❶

☐

❷

☐

이야기해 봅시다 EN Let's speak JP 話してみましょう CH 说一说

표현 EN Expression JP 表現 CH 表达方式

에 비해서, -고말고요

어휘 EN Vocabulary JP 語彙 CH 词汇

인터넷 쇼핑몰 internet shopping mall, インターネットショッピングモール, 购物网站
모바일 쇼핑몰 mobile shopping mall, モバイルショッピングモール, 移动购物网站
홈쇼핑 home shopping, ホームショッピング, 电视购物
물건 items, 品物, 东西
디자인 design, デザイン, 设计
카드 credit card, カード, 卡
직접 directly/in person, 直接, 直接
편하다 to be comfortable/convenient, 楽だ, 方便
품질 quality of items, 品質, 质量
결제 payment, 決済, 付款
무료 배송 free shipping, 無料配送, 免费送货

01 연습해 봅시다.

EN Let's practice. JP 練習してみましょう。 CH 练习练习。

1. 다음과 같이 이야기해 봅시다.

EN Let's speak by following the example. JP 次のように話してみましょう。 CH 看图说话。

❶ 인터넷 쇼핑몰 〈노트북〉	❷ TV 홈쇼핑 〈가방〉	❸ 모바일 서점 〈소설책〉	❹ 인터넷 쇼핑몰 〈카메라〉	❺ 모바일 쇼핑몰 〈시계〉

· 가격: 750,000원 · 특징: 작고 가볍다 · 무료 배송	· 가격: 129,000원 · 특징: 크지만 가볍다 · 무료 배송	· 가격: 11,800원 · 특징: 앙리 베르낭의 베스트셀러 소설 "제4인류" · 무료 배송	· 가격: 340,000원 · 특징: 사용하기 편하고 디자인이 예쁘다 · 무료 배송	· 가격: 198,000원 · 특징: 디자인이 예쁘고 품질이 좋다 · 무료 배송

보기

가 : 이 노트북은 어디에서 샀니?

나 : 인터넷 쇼핑몰에서 샀어. 인터넷 물건이 백화점 물건에 비해서 싼 것 같아.

2. 1번의 표를 보고 다음과 같이 이야기해 봅시다.

EN Look at the chart #1 and practice speaking by following the example. JP 1番の表を見て次のように話してみましょう。
CH 看表1说一说。

보기

가 : 노트북이 좋니?

나 : 좋고말고. 들고 다닐 때 아주 편해.

02 〈보기〉와 같이 대화를 완성해 봅시다.

EN Complete the dialogue as it is shown in the example. JP 〈例〉のように対話を完成してみましょう。 CH 仿照范例完成对话。

보기

가 : 그 노트북은 어디에서 샀니?

나 : 인터넷 쇼핑몰에서 샀어. 작고 가벼워서 들고 다닐 때 아주 편해.

가 : 그렇구나. 값은 어때? 백화점 물건보다 싸니?

나 : 싸고말고. 결제도 카드로 해서 아주 편했어.

가 : 그래? 그럼 나도 다음에는 인터넷 쇼핑몰에서 물건을 사 볼까?

나 : 응, 인터넷에서 사는 것이 백화점에서 사는 것에 비해서 싸고 편해.

03 온라인으로 사고 싶은 물건이 있습니까? 이야기해 봅시다.

EN Is there something you want to buy online? Let's talk about it. JP オンラインで買いたい品物がありますか。話してみましょう。
CH 请谈一谈，有没有想在网上买的东西?

이름	방법	사고 싶은 물건	결제 방법	특징
윈	모바일	자전거	휴대폰	값이 싸다

보기

가 : 뭔, 무엇을 그렇게 열심히 찾니?
나 : 모바일 쇼핑몰에서 사고 싶은 자전거를 찾고 있어.
가 : 그렇구나. 모바일로 자전거를 살 수 있니?
나 : 살 수 있고말고. 결제도 휴대폰으로 해서 아주 편해.
가 : 그래? 그럼 나도 다음에는 모바일 쇼핑몰에서 물건을 사 볼까?
나 : 한번 사 봐. 모바일 쇼핑몰 물건이 백화점 물건에 비해서 값도 싸.

정리해 봅시다

EN Let's review JP まとめてみましょう CH 整理整理

여러분은 한국에서 무엇을 사 봤습니까? 친구들에게 이야기해 봅시다.

EN What have you tried to buy in Korea? Let's talk about it with your friends.
JP みなさんは韓国で何を買ってみましたか。友達に話してみましょう。
CH 请跟朋友们谈一谈，大家在韩国都买过什么东西?

02 내가 보기에는 비싼 것 같아

학/습/목/표 시장에 대해서 이야기할 수 있다.

EN Objective be able to talk about the market
JP 学習目標 市場について話すことができる。
CH 学习目标 会对市场做个说明。

MP3/14

준비해 봅시다 EN Let's get ready JP 準備してみましょう CH 热身活动

듣고 맞는 그림을 고르십시오.

EN Listen and choose the right picture. JP 聞いて正しい絵を選びなさい。 CH 听录音，选择正确的图片。

①

☐

②

☐

이야기해 봅시다 EN Let's speak JP 話してみましょう CH 说一说

표현 EN Expression JP 表現 CH 表达方式

-는구나, 내가 보기에는 -는 것 같아

어휘 EN Vocabulary JP 語彙 CH 词汇

고르다 to choose, 選ぶ, 挑选
싱싱하다 to be fresh, 新鮮だ, 新鲜
어울리다 to match, 似合う, 适合
구경거리 things to see, 見もの, 看头
값을 깎다 to cut the price down, 値切る, 砍价

01 연습해 봅시다.

EN Let's practice. JP 練習してみましょう。 CH 练习练习。

1. 다음과 같이 이야기해 봅시다.

EN Let's speak by following the example. JP 次のように話してみましょう。 CH 看图说话。

❶

농산물시장

❷

수산시장

❸

꽃시장

❹

전자상가

❺

동대문 쇼핑몰

보기

가 : 이 시장 과일은 정말 싱싱하구나.
나 : 응, 여기는 과일이 유명한 시장이야.

2. 1번의 그림을 보고 다음과 같이 이야기해 봅시다.

EN Look at the picture #1 and practice speaking by following the example. JP 1番の絵を見て次のように話してみましょう。
CH 看图1说一说。

보기

가 : 여기에서 사과를 살까?
나 : 다른 곳에도 가 보자. 내가 보기에는 좀 비싼 것 같아.

02 〈보기〉와 같이 대화를 완성해 봅시다.

EN Complete the dialogue as it is shown in the example. JP 〈例〉のように対話を完成してみましょう。 CH 仿照范例完成对话。

보기

가 : 이 시장은 뭐가 유명해?
나 : 과일이 유명해.
가 : 정말 과일이 모두 싱싱하고 좋구나. 이 가게에서 과일을 살까?
나 : 사기 전에 다른 곳에도 가 보자. 내가 보기에는 좀 비싼 것 같아.

03 무엇을 사겠습니까? 이야기해 보십시오.

EN What are you going to buy? Talk about it. JP 何を買いますか。話してみてください。 CH 请说一说，要买什么。

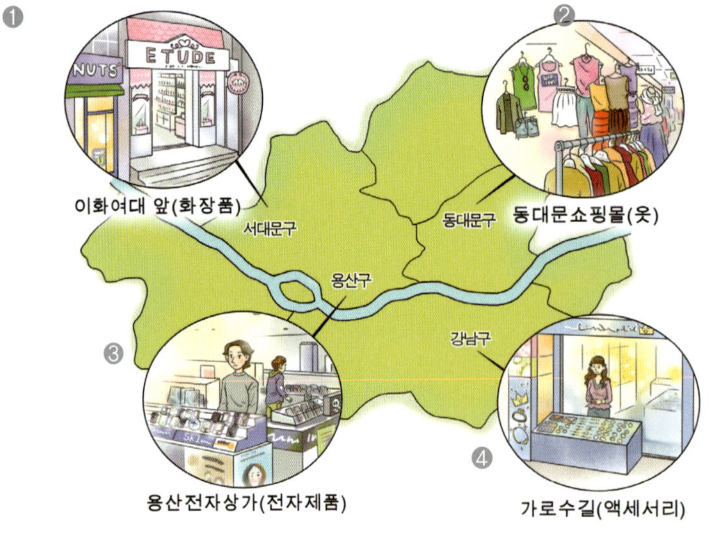

보기

가 : 동대문 시장에는 정말 옷이 많군요.
나 : 네, 값도 싸고 구경거리도 많아서 사람들이 많이 와요.
가 : 저는 이 티셔츠가 마음에 드는데 어때요? 저에게 잘 어울려요?
나 : 글쎄요. 제가 보기에는 미선 씨에게 안 어울리는 것 같아요. 이 블라우스를 입어 보세요.
가 : 그것도 예쁘군요.

정리해 봅시다

EN Let's review JP まとめてみましょう CH 整理整理

쇼핑을 하러 어디에 갔습니까?

EN Where did you go shopping? JP ショッピングをしにどこに行きましたか。 CH 去哪儿购物了?

03 한 번밖에 안 썼어요

학/습/목/표 중고품을 사고 파는 이야기를 할 수 있다.

EN Objective be able to talk about buying and selling used items
JP 学習目標 中古品を売買する話をすることができる。
CH 学习目标 会叙述买卖二手货的事情。

준비해 봅시다 EN Let's get ready JP 準備してみましょう CH 热身活动

MP3/15

여기는 어디입니까? 듣고 맞는 그림을 고르십시오.

EN Where is this? Listen and choose the right picture. JP ここはどこですか。聞いて正しい絵を選びなさい。
CH 这是哪里？听录音，选择正确的图片。

❶

☐

❷

☐

이야기해 봅시다 EN Let's speak JP 話してみましょう CH 说一说

표현 EN Expression JP 表現 CH 表达方式

-던, 밖에

어휘 EN Vocabulary JP 語彙 CH 词汇

중고품 used items, 中古品, 二手货
선풍기 fan, 扇風機, 风扇
새 것 something new, 新しいもの, 新的
가격 price, 価格, 价格
거의 almost, ほとんど, 几乎

01 연습해 봅시다.

EN Let's practice. JP 練習してみましょう。 CH 练习练习。

1. 다음과 같이 이야기해 봅시다.

EN Let's speak by following the example. JP 次のように話してみましょう。 CH 看图说话。

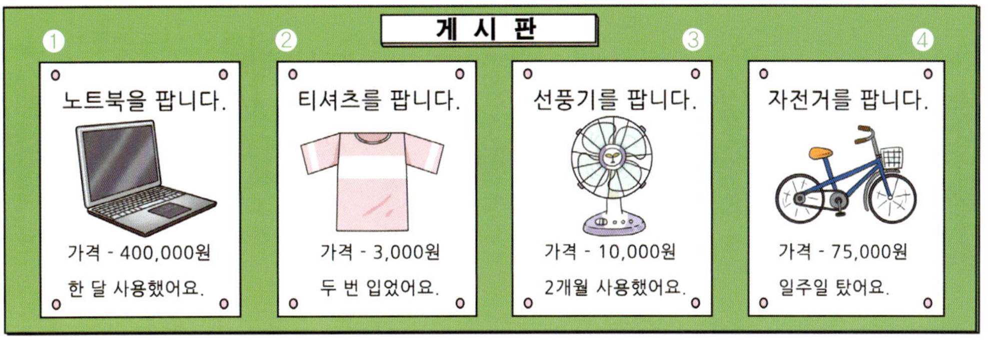

보기

가 : 노트북을 사려고 하는데요. 노트북이 얼마예요?

나 : 40만원이에요. 게임을 할 때 쓰던 거예요.

2. 1번의 그림을 보고 다음과 같이 이야기해 봅시다.

EN Look at the picture #1 and practice speaking by following the example. JP 1番の絵を見て次のように話してみましょう。
CH 看图1说一说。

보기

가 : 노트북을 언제 사셨어요?

나 : 작년에 샀는데 한 달밖에 안 썼어요.

02 〈보기〉와 같이 대화를 완성해 봅시다.

EN Complete the dialogue as it is shown in the example. JP 〈例〉のように対話を完成してみましょう。 CH 仿照范例完成对话。

보기

가 : 여보세요? 노트북을 사려고 하는데요.

나 : 네, 말씀하세요.

가 : 가격이 얼마예요?

나 : 40만원이에요. 게임을 할 때 쓰던 건데 아주 깨끗해요.

가 : 언제 사셨어요?

나: 작년에 샀는데 한 달밖에 안 썼어요. 거의 새 거예요.

03 중고품을 팔려고 합니다. 이야기해 봅시다.

EN You want to sell a used item. Let's talk about it. JP 中古品を売ろうとします。話してみましょう。
CH 请谈一谈，想卖二手货，应该怎么做。

	나	친구1	친구2
파는 물건	한국 역사책		
가격	오천 원		
사용	한두 번		

보기

가 : 어서 오세요. 구경하세요.

나 : 이 책 좀 보여 주세요.

가 : 네, 여기 있어요. 이건 제가 한국 역사를 공부할 때 보던 거예요.
사진이 많아서 좋아요.

나 : 이거 얼마예요?

가 : 오천 원이에요. 작년에 샀는데 한두 번밖에 안 봤어요. 거의 새 거예요.

나 : 좀 비싼데 사천 원에 주세요.

가 : 네. 그럼 사천 원에 드릴게요.

나 : 감사합니다.

정리해 봅시다

EN Let's review JP まとめてみましょう CH 整理整理

쓰던 물건 중에서 팔고 싶은 물건이 있습니까? 이야기해 봅시다.

EN Do you have something that you have used that you want to sell? Let's talk about it.
JP 使っていた品物の中で売りたい品物がありますか。話してみましょう。
CH 请谈一谈，你的东西里面有没有想卖掉的东西。

제6과

건강

01 운동을 하니까 건강이 좋아졌어요

학/습/목/표 운동과 건강에 대해 이야기할 수 있다.

EN Objective be able to talk about exercise and health
JP 学習目標 運動と健康について話すことができる。
CH 学习目标 能讲述与运动和健康相关的事。

MP3/16

준비해 봅시다 EN Let's get ready JP 準備してみましょう CH 热身活动

듣고 맞는 그림을 고르십시오.

EN Listen and choose the right picture. JP 聞いて正しい絵を選びなさい。 CH 听录音，选择正确的图片。

❶

☐

❷

☐

❸

☐

이야기해 봅시다 EN Let's speak JP 話してみましょう CH 说一说

표현 EN Expression JP 表現 CH 表达方式

-으니까 -어졌어요, -다고 하다

어휘 EN Vocabulary JP 語彙 CH 词汇

건강 health, 健康, 健康
날씬하다 to be thin, やせている, 苗条
항상 always, いつも, 经常
축구장 soccer field, サッカー場, 足球场
건강하다 to be healthy, 健康だ, 健康(形)
효과가 있다 to have effects/benefits, 効果がある, 有效果
실내 indoors, 室内, 室内

01 연습해 봅시다.

EN Let's practice. JP 練習してみましょう。 CH 练习练习。

1. 다음과 같이 이야기해 봅시다.

EN Let's speak by following the example. JP 次のように話してみましょう。 CH 看图说话。

①

마리아

②

미선

③

웨이

④

제임스

⑤

누엔

⑥

민호

보기

가 : 수영을 하니까 어때요?

나 : 수영을 하니까 건강이 좋아졌어요.

2. 다음과 같이 이야기해 봅시다.

EN Let's speak by following the example. JP 次のように話してみましょう。 CH 看图说话。

지금 하는 운동	친구의 말
날마다 운동하다	"일주일에 3일만 운동해도 된다."
날씬해지기 위해서 걷고 있다	"근력 운동도 같이 해야 한다."
야구를 같이 할 친구가 없다	"실내 야구 연습장에서는 혼자서 야구를 연습할 수 있다."
항상 자전거를 밖에서 탄다	"실내에서 타는 것도 효과가 있다."

보기

가 : 저는 운동하고 싶은데 할 시간이 없어요.

나 : 날마다 운동하지 않아도 돼요. 일주일에 3일만 해도 효과가 있다고 합니다.

02 〈보기〉와 같이 대화를 완성해 봅시다.

EN Complete the dialogue as it is shown in the example. JP 〈例〉のように対話を完成してみましょう。 CH 仿照范例完成对话。

보기

가 : 영수 씨, 어디 가세요?

나 : 수영하러 수영장에 가요. 요즘 날마다 수영을 하고 있어요.

가 : 그래요? 날마다 수영을 하니까 어때요?

나 : 수영을 하니까 건강도 좋아지고 기분도 좋아졌어요.

가 : 저도 운동하고 싶은데 할 시간이 없어요.

나 : 바쁘면 일주일에 3일만 하세요. 그렇게 해도 효과가 있다고 합니다.

03 친구들은 무슨 운동을 하고 있습니까? 이야기해 봅시다.

EN What kind of exercise are your friends doing? Let's talk about it. JP 友達は何の運動をしていますか。話してみましょう。 CH 请说一说，朋友们都在做什么运动?

친구 이름	하고 있는 운동	얼마나 자주	어디에서	좋은 점
웨이	탁구	주말마다	학교 체육관	스트레스도 없어지고 건강이 좋아지다

보기

가 : 웨이야, 요즘 무슨 운동을 하고 있니?
나 : 나는 요즘 주말마다 탁구를 치고 있어. 탁구가 건강에 좋다고 해.
가 : 어디에서 하고 있어?
나 : 학교 체육관에서 하고 있는데 체육관이 편하고 깨끗해.
가 : 탁구를 치니까 어때?
나 : 탁구를 치니까 스트레스도 없어지고 건강도 좋아졌어. 너도 같이 할래?
가 : 그래 좋아.

정리해 봅시다

EN Let's review JP まとめてみましょう CH 整理整理

여러분은 친구들과 같이 무슨 운동을 하고 싶습니까? 이야기해 봅시다.

EN What kind of exercise do you want to do with your friends? Let's talk about it.
JP みなさんは友達と一緒に何の運動をしたいですか。話してみましょう。
CH 请谈一谈，大家想和朋友们做什么运动。

02 스트레스를 받지 않는 날이 없어요

학/습/목/표 스트레스를 푸는 방법에 대해서 이야기할 수 있다.

EN Objective be able to talk about ways to release stress
JP 学習目標 ストレスを解消する方法について話すことができる。
CH 学习目标 会说一些缓解疲劳的方法。

MP3/17

준비해 봅시다 EN Let's get ready JP 準備してみましょう CH 热身活动

듣고 맞는 그림을 고르십시오.

EN Listen and choose the right picture. JP 聞いて正しい絵を選びなさい。 CH 听录音，选择正确的图片。

❶

☐

❷

☐

이야기해 봅시다 EN Let's speak JP 話してみましょう CH 说一说

표현 EN Expression JP 表現 CH 表达方式

-지 않는 -이/가/은/는 없어요, 이/가 없는 -이/가/은/는 없어요, -거나

어휘 EN Vocabulary JP 語彙 CH 词汇

스트레스를 받다 to get stressed, ストレスを受ける, 感到疲劳/有压力
스트레스가 풀리다 to release stress, ストレスが解消する, 缓解疲劳
취미생활 hobbies, 趣味生活, 业余爱好
산책 taking a walk, 散歩, 散步
스트레칭 stretching, ストレッチ, 伸展运动

01 연습해 봅시다.

EN Let's practice. JP 練習してみましょう。 CH 练习练习。

1. 다음과 같이 이야기해 봅시다.

EN Let's speak by following the example. JP 次のように話してみましょう。 CH 看图说话。

❶

❷

❸
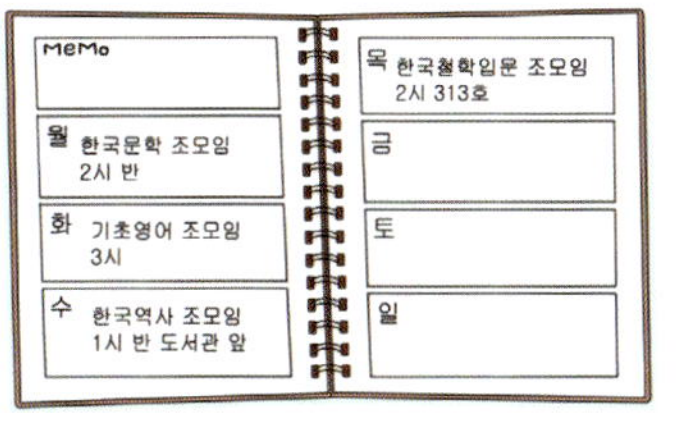

❹
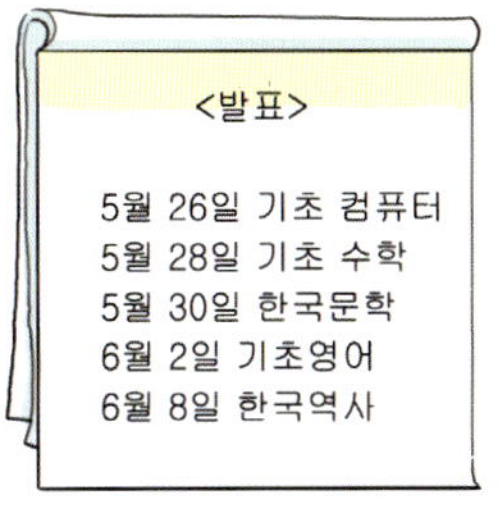

❺

보기

가 : 시험기간이어서 스트레스를 받지 않는 학생이 없어요.

나 : 네, 그래서 저도 스트레스를 많이 받아요.

2. 1번의 그림을 보고 다음과 같이 이야기해 봅시다.

EN Look at the picture #1 and practice speaking by following the example. JP 1番の絵を見て次のように話してみましょう。
CH 看图1说一说。

보기

가 : 시험이 끝나면 여행을 가거나 친구와 맛있는 것을 먹으러 가세요.

나 : 네, 알았어요.

02 〈보기〉와 같이 대화를 완성해 봅시다.

EN Complete the dialogue as it is shown in the example. JP 〈例〉のように対話を完成してみましょう。 CH 仿照范例，完成对话。

보기

가 : 요즘 어떻게 지내요?

나 : 시험 기간이에요. 그래서 스트레스를 받지 않는 날이 없어요.

가 : 그래요? 시험이 언제 끝나요?

나 : 다음 주 목요일에 끝나요.

가 : 시험이 끝나면 보통 무엇을 해요?

나 : 영화를 보거나 친구와 맛있는 것을 먹으러 가요.

03 어떻게 스트레스를 풉니까? 〈보기〉와 같이 이야기해 봅시다.

EN How do you release stress? Let's practice speaking by following the example.
JP どのようにストレスを解消しますか。〈例〉のように話してみましょう。 CH 怎么缓解疲劳？仿照范例说一说。

	리에	친구 1	친구 2
언제 스트레스를 받습니까?	과제가 많을 때		
어떻게 스트레스를 풉니까?	자거나 맛있는 것을 먹어요.		

보기

가 : 요즘 스트레스를 받지 않는 사람이 없는 것 같아요. 리에 씨도 스트레스를 많이 받아요?

나 : 네, 과제가 많을 때 스트레스를 받아요. 웨이 씨는요?

가 : 저는 시험 때 스트레스를 받아요. 리에 씨는 어떻게 스트레스를 풀어요?

나 : 자거나 맛있는 것을 먹어요. 웨이 씨는 어떻게 풀어요?

가 : 저는 영화를 보거나 게임을 해요.

정리해 봅시다

EN Let's review JP まとめてみましょう CH 整理整理

여러분은 어떻게 스트레스를 풉니까?

EN How do you release stress? JP みなさんはどのようにストレスを解消しますか。 CH 大家都怎么缓解疲劳?

03 친구가 운동하자고 해서 수영을 시작했어요

학/습/목/표 나쁜 습관을 고치는 방법에 대해서 이야기할 수 있다.

EN Objective be able to talk about fixing a bad habit
JP 学習目標 悪い習慣を直す方法について話すことができる。
CH 学习目标 会叙述改掉坏习惯的方法。

준비해 봅시다 EN Let's get ready JP 準備してみましょう CH 热身活动

MP3/18

여자에게 무슨 문제가 있습니까? 듣고 맞는 그림을 고르십시오.

EN What problem does the woman have? Listen and choose the right picture. JP 女性に何の問題がありますか。聞いて正しい絵を選びなさい。
CH 女的有什么问题？听录音，选择正确的图片。

❶ 

☐

❷ 

☐

이야기해 봅시다 EN Let's speak JP 話してみましょう CH 说一说

표현 EN Expression JP 表現 CH 表达方式

-기 때문에, -자고 해서, -으라고 해서

어휘 EN Vocabulary JP 語彙 CH 词汇

증상 symptom, 症状, 症状
잠이 안 오다 to not fall asleep, 眠れない, 睡不着觉
소화가 안 되다 to have indigestion, 消化が悪い, 不消化
자꾸 frequently/over and over, しきりに, 总(是)
습관을 고치다 to fix a habit, 習慣を直す, 改习惯
야식 late night snack, 夜食, 夜宵
속이 안 좋다 to have an upset stomach, お腹の調子が悪い, 胃不舒服
살이 찌다 to gain weight, 太る, 发胖
끊다 to break off/quit, 断つ, 戒
도움이 되다 to be helpful, 助けになる, 有帮助

01 연습해 봅시다.

EN Let's practice. JP 練習してみましょう。 CH 练习练习。

1. 다음과 같이 이야기해 봅시다.

EN Let's speak by following the example. JP 次のように話してみましょう。 CH 看图说话。

증상	나쁜 습관
머리가 아프다	술을 많이 마시다
잠이 안 오다	커피를 많이 마시다
속이 안 좋다	매운 음식을 자주 먹다
소화가 안 되다	날마다 라면을 먹다
살이 찌다	야식을 자주 먹다

보기

가 : 요즘 자꾸 머리가 아파요.

나 : 술을 많이 마시기 때문에 머리가 아픈 거예요. 술을 드시지 마세요.

2. 다음과 같이 이야기해 봅시다.

EN Let's speak by following the example. JP 次のように話してみましょう。 CH 看图说话。

보기

가 : 왜 술을 끊었어요?

나 : 의사 선생님이 술을 끊으라고 해서 요즘 술을 안 마셔요.

02 〈보기〉와 같이 대화를 완성해 봅시다.

EN Complete the dialogue as it is shown in the example. JP 〈例〉のように対話を完成してみましょう。 CH 仿照范例，完成对话。

보기

가 : 요즘 건강이 안 좋아진 것 같아요.
나 : 왜요?
가 : 자꾸 머리가 아파요.
나 : 술을 많이 마시기 때문에 그래요. 술을 끊으세요.
가 : 마이클 씨는 술을 끊었어요?
나 : 네, 의사 선생님이 술을 끊으라고 해서 저는 요즘 술을 안 마셔요.

03 나쁜 습관을 어떻게 고쳤습니까? 이야기해 봅시다.

EN How did you fix a bad habit? Let's talk about it. JP 悪い習慣をどのように直しましたか。話してみましょう。
CH 请说一说，你是怎么改掉坏习惯的。

보기

가 : 지난 학기에 저는 커피를 하루에 5잔씩 마셨어요.
나 : 5잔이나요?
가 : 네, 너무 많이 마셔서 밤에 잠이 안 왔어요.
나 : 그런데 마이클 씨는 그 습관을 어떻게 고쳤어요?
가 : 친구가 차를 마시라고 해서 커피를 끊고 차를 마셨어요.
나 : 차를 마시니까 도움이 됐어요?
가 : 네, 차를 마시니까 잠도 잘 오고 건강도 좋아졌어요.

정리해 봅시다

EN Let's review JP まとめてみましょう CH 整理整理

나쁜 습관을 고친 적이 있습니까? 이야기해 봅시다.

EN Have you ever fixed a bad habit? Let's talk about it.
JP 悪い習慣を直したことがありますか。話してみましょう。
CH 请说一说，你改掉坏习惯的经历。

제7과

온라인

01 한국 역사에 대해서 발표하려고 자료를 찾고 있어

02 그 사이트에서 찾을 수 있는 줄 몰랐어요

03 리에에게 인터넷을 고쳐 달라고 해야겠다

01 한국 역사에 대해서 발표하려고 자료를 찾고 있어

학/습/목/표 학교 수업을 위한 인터넷 활용에 대해 이야기할 수 있다.

EN Objective be able to talk about using the internet for your class

JP 学習目標 学校の授業のためのインターネットの活用について話すことができる。

CH 学习目标 会讲述为了学校课程利用网络的事情。

준비해 봅시다 EN Let's get ready JP 準備してみましょう CH 热身活动

MP3/19

여자는 무엇을 하겠습니까? 듣고 맞는 그림을 고르십시오.

EN What is the woman going to do? Listen and choose the right picture. JP 女性は何をしますか。聞いて正しい絵を選びなさい。
CH 女的要做什么? 听录音，选择正确的图片。

❶

☐

❷

☐

이야기해 봅시다 EN Let's speak JP 話してみましょう CH 说一说

표현 EN Expression JP 表現 CH 表达方式

에 대해서, -어야겠다

어휘 EN Vocabulary JP 語彙 CH 词汇

인터넷을 하다 to use the internet, インターネットをする, 上网
인터넷이 잘 되다 to have the internet working well, インターネットができる, 网速很快
인터넷이 안 되다 to have the internet not working well, インターネットができない, 网速很慢
자료를 찾다 to look for materials, 資料を探す, 查找资料
인터넷 강의를 듣다 to listen to an internet lecture, インターネット講義を聞く, 听网络课程
조선 시대 Chosun Dynasty, 朝鮮時代, 朝鲜时代
건축 architecture, 建築, 建筑
환경 environment, 環境, 环境

01 연습해 봅시다.

EN Let's practice. JP 練習してみましょう。 CH 练习练习。

1. 다음과 같이 이야기해 봅시다.

EN Let's speak by following the example. JP 次のように話してみましょう。 CH 看图说话。

❶ 
한국의 경제

❷ 

한국의 역사

한국

❸ 
한국의 음식 문화

❹ 
한국의 건축

보기

가 : 영수야, 지금 뭐 하니?

나 : 한국 역사에 대해서 발표하려고 자료를 찾고 있어.

2. 다음과 같이 이야기해 봅시다.

EN Practice speaking by following the example. JP 次のように話してみましょう。 CH 仿照范例说一说。

문제	방법
책을 찾으러 도서관에 가야 하는데 갈 시간이 없다	인터넷 도서관을 이용하다
동영상 발표 자료를 준비해야 하는데 노트북으로는 하기 어렵다	도서관 멀티미디어센터에 가다
인터넷으로 과제를 내야 하는데 어떻게 하는지 모른다	홈페이지의 정보서비스에 들어가다
인터넷 강의를 듣고 싶은데 노트북이 없다	스마트 폰으로 듣다
여기는 인터넷이 잘 안 된다	도서관에 가다

보기

가 : 책을 찾으러 도서관에 가야 하는데 갈 시간이 없어.
나 : 인터넷 도서관을 이용해 봐. 빨리 책을 찾을 수 있어.
가 : 그거 좋은 생각이다. 인터넷 도서관을 이용해야겠다.

02 〈보기〉와 같이 대화를 완성해 봅시다.

EN Complete the dialogue as it is shown in the example. JP 〈例〉のように対話を完成してみましょう。 CH 仿照范例完成对话。

보기

가 : 영수야, 뭐 하니?
나 : 한국 역사에 대해서 발표하려고 준비하고 있어.
그런데 자료를 찾으러 도서관에 가야 하는데 갈 시간이 없어.
나 : 인터넷 도서관을 이용해 봐. 자료를 찾을 수 있어.
가 : 그거 좋은 생각이다. 나도 인터넷 도서관을 이용해야겠다.
나 : 그래, 힘내.

03 친구들은 요즘 무엇에 대해서 공부를 하고 있습니까? 이야기해 봅시다.

EN What are your friends studying about these days? Let's talk about it.
JP 友達は最近何について勉強をしていますか。話してみましょう。 CH 请说一说，同学们最近都在学习什么。

친구 이름	공부	언제	어디에서	좋은 점
마이클	환경 문제	시간이 있을 때마다	학교 멀티미디어센터	인터넷도 잘 되고 분위기도 좋다

보기

가 : 마이클, 요즘 무슨 공부를 하고 있니?
나 : 환경 문제에 대해서 공부하고 있어. 시간이 있을 때마다 학교 멀티미디어센터에서 공부해.
가 : 왜 거기에서 하니?
나 : 학교 멀티미디어 센터가 인터넷도 잘 되고 분위기도 좋아.
가 : 그래? 나도 앞으로 거기에서 공부해야겠다.
나 : 그럼 우리 만나서 같이 공부하자.

정리해 봅시다

EN Let's review JP まとめてみましょう CH 整理整理

여러분은 최근 무엇에 대해서 공부했습니까? 이야기해 봅시다.

EN What have you studied about recently? Let's talk about it.
JP みなさんは最近何について勉強しましたか。話してみましょう。
CH 请说一说，大家最近都学习了什么。

저는 지난 학기에 한국의 역사에 대해서 배웠습니다. 특히 조선 시대가 재미있었습니다. 다음 학기에는 조선 시대의 건축과 그림에 대해서 더 공부하려고 합니다. 그래서 이번 주말에 친구와 같이 박물관에 가 봐야겠습니다.

조선 시대 궁궐 경복궁 경회루, 국보 제 224호 (사진: 문화재청, 조선고궁포털)

02 그 사이트에서 찾을 수 있는 줄 몰랐어요

학/습/목/표 인터넷을 활용하여 필요한 정보를 찾을 수 있다.

EN Objective be able to the internet and look up needed information
JP 学習目標 インターネットを活用して必要な情報を探すことができる。
CH 学习目标 会利用网络查找所需信息。

준비해 봅시다 EN Let's get ready JP 準備してみましょう CH 热身活动

MP3/20

듣고 맞는 대답을 고르십시오.

EN Listen and choose the right answer. JP 聞いて正しい答えを選びなさい。 CH 听录音，选择正确答案。

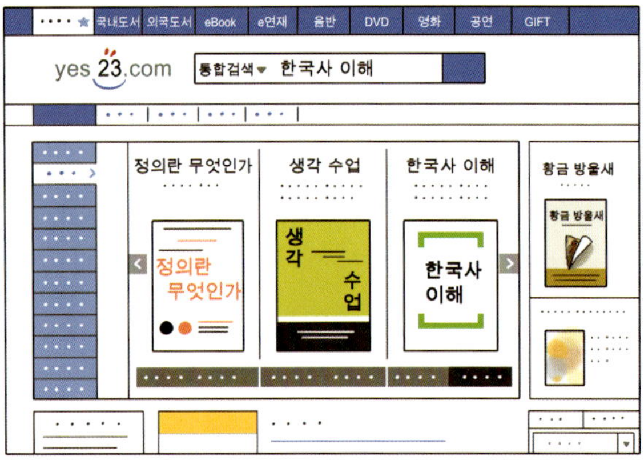

1. 여자는 인터넷에서 책을 찾았다. O ☐ X ☐
2. 여자는 서점에서 책을 살 것이다. O ☐ X ☐

이야기해 봅시다 EN Let's speak JP 話してみましょう CH 说一说

표현 EN Expression JP 表現 CH 表达方式

아무리 -어도, -는 줄 몰랐어요

어휘 EN Vocabulary JP 語彙 CH 词汇

예매하다 to book in advance (for a ticket), 予約する, 订购
다운로드(를) 하다 to download, ダウンロード(を)する, 下载
블로그 blog, ブログ, 免费
클릭하다 to click, クリックする, 点击
연예 entertainment, 芸能, 博客
무료 free of charge, 無料, 演艺

01 연습해 봅시다.

EN Let's practice. JP 練習してみましょう。 CH 练习练习。

1. 다음과 같이 이야기해 봅시다.

EN Let's speak by following the example. JP 次のように話してみましょう。 CH 看图说话。

	무엇을 찾고 있습니까?	어디에서 찾을 수 있습니까?
웨이	뮤지컬 '드라큘라' 티켓 정보	쇼핑
미선	좋아하는 가수에 대한 뉴스	연예
제임스	'한국 현대소설' 논문	스터디
누엔	김치찌개를 만드는 방법	블로그

보기

가 : 이 사이트에서는 아무리 찾아도 뮤지컬 '드라큘라' 티켓 예매 정보가 없어요.

나 : 그럼, 여기에 있는 쇼핑을 클릭해 보세요.

2. 1번의 표를 보고 다음과 같이 이야기해 봅시다.

EN Look at the chart #1 and practice speaking by following the example. JP 1番の表を見て次のように話してみましょう。
CH 看表1说一说。

보기

가 : 쇼핑을 클릭하면 웨이 씨가 찾는 티켓 예매 정보가 있을 거예요.

나 : 그렇군요, 고마워요. 이렇게 쉽게 찾을 수 있는 줄 몰랐어요.

02 〈보기〉와 같이 대화를 완성해 봅시다.

EN Complete the dialogue as it is shown in the example. JP 〈例〉のように対話を完成してみましょう。 CH 仿照范例完成对话。

보기

가 : 이 사이트에서는 아무리 찾아도 뮤지컬 '드라큘라' 티켓 예매 정보가 없어요.
나 : 그럼 여기 있는 쇼핑을 클릭해 보세요. 쇼핑을 클릭하면 웨이 씨가 찾는 티켓 예매 정보가 있을 거예요.
가 : 여기에 있군요. 고마워요. 이렇게 쉽게 찾을 수 있는 줄 몰랐어요.

03 〈보기〉와 같이 이야기해 봅시다.

EN Let's practice speaking as it is shown in the example. JP 〈例〉のように話してみましょう。 CH 仿照范例说一说

	리에	여러분의 친구
무엇을 하고 싶습니까?	논문을 찾고 싶습니다.	
어느 사이트에 있습니까?	'케이 스터디'	
그 사이트는 어떤 점이 좋습니까?	회원가입하면 무료로 다운로드할 수 있습니다.	

보기

가 : 누엔 씨, 그 논문은 어디에서 찾았어요?
나 : 인터넷에서 찾았어요.
가 : 어느 사이트에서 찾았어요? 저는 '예스 스터디'에 들어갔는데 아무리 찾아도 없었어요.
나 : 그 사이트에서 찾지 말고 '케이 스터디'에 들어가 보세요. 다운로드를 할 수 있어요.
가 : 그렇군요. 그 사이트에 있는 줄 몰랐어요. 돈을 내야 하지요?
나 : 네, 그런데 회원가입을 하면 무료예요.
가 : 그래요? 고마워요.

정리해 봅시다

EN Let's review JP まとめてみましょう CH 整理整理

인터넷 이용 경험을 이야기해 봅시다.

EN Let's talk about your experience with using the internet. JP インターネットの利用経験を話してみましょう。 CH 请说一说，利用网络的经历。

03 리에에게 인터넷을 고쳐 달라고 해야겠다

학/습/목/표 인터넷을 할 때 생기는 문제에 대해서 이야기할 수 있다.

EN Objective be able to talk about problems that arise while using the internet

JP 学習目標 インターネットをするとき 生じる問題について話すことができる。

CH 学习目标 会讲述上网时发生的问题。

준비해 봅시다

EN Let's get ready JP 準備してみましょう CH 热身活动

MP3/21

듣고 맞는 그림을 고르십시오.

EN Listen and choose the right picture. JP 聞いて正しい絵を選びなさい。 CH 听录音，选择正确的图片。

❶

☐

❷

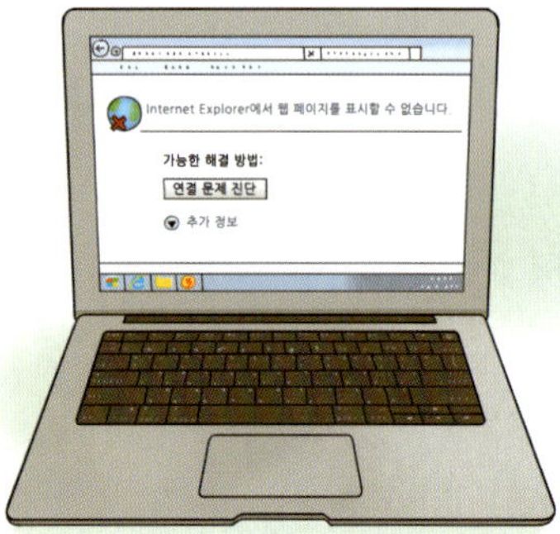

☐

이야기해 봅시다

EN Let's speak JP 話してみましょう CH 说一说

표현 EN Expression JP 表現 CH 表达方式

-어서 그런지, -어 달라고 해야겠다

어휘 EN Vocabulary JP 語彙 CH 词汇

SNS Social Networking Service, SNS, SNS
용량 capacity, 容量, 容量
웹하드 webhard/cloud site, ウェブハード, 网络硬盘
속도 speed, 速度, 速度
고치다 to fix, 直す, 修
인터넷이 끊기다 to have the internet cut off, インターネットが切れる, 断网
와이파이가 되다 to have wifi working, ワイファイができる, 有wi-fi
공사를 하다 to be under construction, 工事をする, 施工
문제를 해결하다 to solve a problem, 問題を解決する, 解决问题

01 연습해 봅시다.

EN Let's practice. JP 練習してみましょう。 CH 练习练习。

1. 다음과 같이 이야기해 봅시다.

EN Let's speak by following the example. JP 次のように話してみましょう。 CH 看图说话。

무슨 문제가 있습니까?	왜 그런 것 같습니까?
SNS에 있는 사진이 안 보이다	SNS에 사진이 너무 많다
인터넷이 끊기다	근처에서 공사를 하다
와이파이가 안 되다	사용하는 사람이 많다
웹하드 파일을 다운로드할 수 없다	파일의 용량이 크다

보기

가 : 영수야, 너도 지금 SNS에 있는 사진이 안 보여?

나 : 응, SNS에 사진이 너무 많아서 그런지 나도 지금 안 보여.

2. 다음과 같이 이야기해 봅시다.

EN Let's speak by following the example. JP 次のように話してみましょう。 CH 看图说话。

보기

가 : SNS 사진을 빨리 봐야 되는데 어떻게 하지?

나 : SNS는 에리코가 잘 알아.

가 : 그럼 에리코에게 좀 도와달라고 해야겠다.

02 〈보기〉와 같이 대화를 완성해 봅시다.

EN Complete the dialogue as it is shown in the example. JP 〈例〉のように対話を完成してみましょう。 CH 仿照范例完成对话。

보기

가 : 학교 행사 사진을 보고 싶은데 지금 SNS에 있는 사진이 안 보여.
나 : SNS에 사진이 많아서 그런지 나도 지금 안 보여.
가 : 사진을 빨리 봐야 되는데 어떻게 하지?
나 : SNS는 에리코가 잘 알아.
가 : 그럼 에리코한테 좀 도와달라고 해야겠다.

03 인터넷을 할 때 생기는 문제와 해결 방법에 대해서 이야기해 봅시다.

EN Let's talk about problems that arise while using the internet and the ways to solve them.
JP インターネットをするとき生じる問題と解決方法について話してみましょう。 CH 请说一说，上网时发生的问题以及解决方法。

문제	이유	나의 해결 방법	친구의 해결 방법
SNS 사진이 안 보이다	인터넷 속도가 느리다	컴퓨터를 껐다가 켜다	기숙사 홈페이지 게시판에 글을 쓰다

보기

가 : 요즘 SNS를 할 때 사진이 빨리 안 보여.
나 : 인터넷 속도가 느려서 그런지 나도 빨리 안 보여.
가 : 이럴 때 너는 어떻게 해?
나 : 나는 컴퓨터를 껐다가 다시 켜.
가 : 그렇게 하지 말고 기숙사 홈페이지 게시판에 글을 써 봐.
나 : 그런 방법도 있어?
가 : 응, 직원이 와서 문제를 해결해 줘.
나 : 그럼 나도 게시판에 글을 써서 고쳐 달라고 해야겠다.

정리해 봅시다

EN Let's review JP まとめてみましょう CH 整理整理

인터넷 문제를 해결한 적이 있습니까? 이야기해 봅시다.

EN Have you ever solved an internet problem? Let's talk about it.
JP インターネットの問題を解決したことがありますか。話してみましょう。
CH 请说一说，解决网络问题的经历。

제8과

대학 문화

01 야구를 좋아하는 학생이면 누구든지 들어갈 수 있어

02 얼마나 재미있는지 몰라요

03 스터디 모임을 할까 해

01 야구를 좋아하는 학생이면 누구든지 들어갈 수 있어

학/습/목/표 동아리 가입과 활동에 대해 이야기할 수 있다.

EN Objective be able to talk about joining a club and activities
JP 学習目標 サークルへの加入と活動について話すことができる。
CH 学习目标 会讲述有关加入社团和社团活动的事情。

준비해 봅시다

EN Let's get ready JP 準備してみましょう CH 热身活动

MP3/22

듣고 맞는 대답을 고르십시오.

EN Listen and choose the right answer JP 聞いて正しい答えを選びなさい。 CH 听录音，选择正确答案。

1. 누구와 누구의 대화입니까?

☐ 학생과 교수님 ☐ 학생과 조교 ☐ 선배와 후배 ☐ 친구 사이

2. 두 사람은 무엇에 대해서 이야기하고 있습니까?

☐ 개강 파티 ☐ 발표 모임 ☐ 동아리 ☐ 운동

이야기해 봅시다

EN Let's speak JP 話してみましょう CH 说一说

표현 EN Expression JP 表現 CH 表达方式

-다고 하니까, -으면 (의문사)이든지

어휘 EN Vocabulary JP 語彙 CH 词汇

신입회원 new member, 新入会員, 新成员
관심이 있다 to be interested in, 関心がある, 感兴趣
엠티(MT) MT (membership training), エムティ(親睦旅行), 联谊会
힙합댄스 hip hop dance, ヒップホップダンス, 街舞
대환영 warm welcome, 大歓迎, 热烈欢迎
동아리 방 club room, サークル部屋, 社团工作室
기회를 놓치다 to miss the opportunity, 機会を逃す, 错过机会

01 연습해 봅시다.

EN Let's practice. JP 練習してみましょう。 CH 练习练习。

1. 다음과 같이 이야기해 봅시다.

EN Let's speak by following the example. JP 次のように話してみましょう。 CH 看图说话。

보기

가 : 어떤 사람이 야구 동아리에 들어갈 수 있어?

나 : 야구를 좋아하는 학생이면 누구든지 들어갈 수 있어.

2. 1번의 그림을 보고 다음과 같이 이야기해 봅시다.

EN Look at the picture #1 and practice speaking by following the example JP 1番の絵を見て次のように話してみましょう。
CH 看图1说一说。

보기

가 : 영수야, 다음 주 월요일에 시간 있니?

나 : 응, 근데 왜?

가 : 다음 주 월요일 3시부터 동아리 신입회원 면접이 있다고 하니까 같이 가 보자.

02 〈보기〉와 같이 대화를 완성해 봅시다.

EN Complete the dialogue as it is shown in the example. JP 〈例〉のように対話を完成してみましょう。 CH 仿照范例完成对话。

보기

가 : 영수야, 무슨 동아리에 들어갈 거야?

나 : 나는 야구 동아리에 들어가려고 해. 다 같이 모여서 운동도 하고 여행도 가서 너무 좋을 것 같아.

가 : 어떤 사람이 그 동아리에 들어갈 수 있어?

나 : 야구를 좋아하는 학생이면 누구든지 들어갈 수 있어.

가 : 나도 야구 동아리에 들어가야겠다.

나 : 그럼 다음 주 월요일 3시에 신입회원 면접이 있다고 하니까 같이 가 보자.

03 들어가고 싶은 동아리에 대해서 무엇을 알고 싶습니까? 이야기해 봅시다.

EN What would you like to know about a club that you want to join? Let's talk about it. JP 加入したいサークルについて何を知りたいですか。話してみましょう。 CH 请说一说，关于想加入的社团，你想了解什么。

보기

웨이 : 여보세요? 안녕하세요, 사진 동아리에 대해서 알아보려고 하는데요.

동아리 회장 : 네, 물어보고 싶은 것이 있으면 무엇이든지 물어보세요.

웨이 : 어떤 사람이 사진 동아리에 들어갈 수 있어요?

동아리 회장 : 사진을 좋아하는 학생이면 누구든지 들어올 수 있어요.

웨이 : 사진을 좋아하지만 잘 찍을 수는 없는데요. 그래도 들어갈 수 있습니까?

동아리 회장 : 그럼요, 들어오시면 선배들이 찍는 것을 얼마든지 가르쳐 드릴 수 있습니다.

웨이 : 와, 알겠습니다. 동아리 신입회원 면접은 언제입니까?

동아리 회장 : 다음 주 금요일에 있습니다. 더 알고 싶은 것이 있으면 언제든지 연락하세요.

정리해 봅시다

EN Let's review JP まとめてみましょう CH 整理整理

여러분은 무슨 동아리 활동을 하고 있습니까? 이야기해 봅시다.

EN What kinds of club activities are you involved in? Let's talk about it.
JP みなさんはどんなサークル活動をしていますか。話してみましょう。
CH 请说一说，大家都在做什么社团活动。

02 얼마나 재미있는지 몰라요

학/습/목/표 대학교 축제에 대해서 이야기할 수 있다.

EN Objective be able to talk about a college festival
JP 学習目標 大学祭について話すことができる。
CH 学习目标 会讲述有关大学庆典的事情。

준비해 봅시다

EN Let's get ready JP 準備してみましょう CH 热身活动

MP3/23

듣고 맞는 대답을 고르십시오.

EN Listen and choose the right answer. JP 聞いて正しい答えを選びなさい。 CH 听录音，选择正确答案。

1. 무엇에 대한 대화입니까?

① 한국 음식
② 대학교 축제

2. 여자는 작년에 수학과 동아리 공연을 봤다. ○ ☐ × ☐

이야기해 봅시다

EN Let's speak JP 話してみましょう CH 说一说

표현 EN Expression JP 表現 CH 表达方式

-다고/자고/냐고 하는데 -을래요?, 얼마나 -는지 몰라요

어휘 EN Vocabulary JP 語彙 CH 词汇

축제 festival, 祭り, 庆典
공연 performance, 公演, 演出/表演
응원제 cheering festival, 応援祭, 助威节
전시회 exhibition, 展示会, 展览会
참가하다 to participate, 参加する, 参加
축제 기간 festival period, 祭り期間, 庆典期间
장터 market place, 市場, 集市
노래 대회 singing contest, 歌の大会, 歌唱比赛
볼거리 things to see, 見どころ, 看点

01 연습해 봅시다.

EN Let's practice. JP 練習してみましょう。 CH 练习练习。

1. 다음과 같이 이야기해 봅시다.

EN Let's speak by following the example. JP 次のように話してみましょう。 CH 看图说话。

보기

가 : 누엔이 응원제에 간다고 하는데 너도 갈래?

나 : 그래, 같이 가자.

2. 1번의 그림을 보고 다음과 같이 이야기해 봅시다.

EN Look at the picture #1 and practice speaking by following the example. JP 1番の絵を見て次のように話してみましょう。
CH 看图1说一说。

보기

가 : 응원제에 가 본 적이 있어? 어때?

나 : 얼마나 재미있는지 몰라.

02 〈보기〉와 같이 대화를 완성해 봅시다.

EN Complete the dialogue as it is shown in the example. JP 〈例〉のように対話を完成してみましょう。 CH 仿照范例完成对话。

보기

가 : 축제기간이어서 사람도 많고 볼거리도 많다.
나 : 응, 정말 복잡하다. 누엔이 응원제에 간다고 하는데 너도 갈래?
가 : 그래, 같이 가자. 나도 응원제에 가고 싶었어.
나 : 응원제에 가 본 적이 있어? 어때?
가 : 얼마나 재미있는지 몰라. 너도 가면 좋아할 거야.

03 축제에서 무엇을 하겠습니까? 이야기해 봅시다.

EN What will you do at the festival? Let's talk about it. JP 祭りで何をするつもりですか。話してみましょう。
CH 请说一说，庆典上一般会做什么？

	〈보기〉	친구 1	친구 2
축제에서 무엇을 하고 싶습니까?	공연 구경		
왜 그것을 하고 싶습니까?	가수가 노래를 잘한다.		

보기

가 : 미선이가 내일 학교 축제에 같이 가자고 하는데 너도 갈래?

나 : 그래? 축제에 가서 무엇을 할 거야?

가 : 유명한 가수가 학교에서 공연을 해서 구경할 거야. 그 가수가 노래를 얼마나 잘하는지 몰라.

나 : 공연은 몇 시에 끝나?

가 : 아마 저녁 7시에 끝날 거야.

정리해 봅시다

EN Let's review JP まとめてみましょう CH 整理整理

학교 축제에 간 적이 있습니까?

EN Have you ever been to a college festival? JP 学校祭に行ったことがありますか。 CH 是否去过学校的庆典?

03 스터디 모임을 할까 해

학/습/목/표 스터디 모임에 대해서 이야기를 할 수 있다.

EN Objective be able to talk about study groups

JP 学習目標 勉強会について話すことができる。

CH 学习目标 会谈论有关学习小组的事情。

MP3/24

준비해 봅시다 EN Let's get ready JP 準備してみましょう CH 热身活动

듣고 맞는 대답을 고르십시오.

EN Listen and choolse the right answer. JP 聞いて正しい答えを選びなさい。 CH 听录音，选择正确答案。

1. 무엇에 대해서 이야기하고 있습니까?

   ☐ 스터디 모임 ☐ 발표 조 모임

2. 이 모임을 하면 무엇이 좋습니까?

   ☐ 자료가 있어서 도움이 많이 된다.

   ☐ 다른 사람들과 같이 공부할 수 있다.

이야기해 봅시다 EN Let's speak JP 話してみましょう CH 说一说

표현 EN Expression JP 表現 CH 表达方式

-을까 하는데, -으니까 -는 게 좋은 것 같아

어휘 EN Vocabulary JP 語彙 CH 词汇

스터디를 하다 to study in group/have a study group, 勉強会をする, 小组学习

스터디 모임 study group, 勉強会, 学习小组

대학원 graduate school, 大学院, 大学院

문법 grammar, 文法, 语法

입학 admission(into a school), 入学, 入学

01 연습해 봅시다.

EN Let's practice. JP 練習してみましょう。 CH 练习练习。

1. 다음과 같이 이야기해 봅시다.

EN Let's speak by following the example. JP 次のように話してみましょう。 CH 看图说话。

보기

가 : 다음 주 월요일에 문법 스터디를 할까 하는데 어때?

나 : 좋아. 다음 주 월요일에는 문법을 공부하자.

2. 다음과 같이 이야기해 봅시다.

EN Let's speak by following the example. JP 次のように話してみましょう。 CH 看图说话。

스터디 안내

- 장소 - 세미나실 — 컴퓨터가 있다
- 요일 - 수요일 — 오후 수업이 없다
- 시간 - 오후 6시 — 모두 모일 수 있다
- 준비할 것 - PPT — 크게 볼 수 있다

보기

가 : 어디에서 스터디를 할까?

나 : 세미나실에 컴퓨터가 있으니까 세미나실에서 하는 게 좋은 것 같아.

02 〈보기〉와 같이 대화를 완성해 봅시다.

EN Complete the dialogue as it is shown in the example. JP 〈例〉のように対話を完成してみましょう。 CH 仿照范例完成对话。

보기

가 : 스터디 모임이 언제야?

나 : 다음 주 월요일이야. 그때는 문법 스터디를 할까 하는데 어때?

가 : 좋아. 그런데 어디에서 모여?

나 : 다음 주에는 세미나실에서 하자.

가 : 응, 세미나실에 컴퓨터가 있으니까 세미나실에서 하는 게 좋은 것 같아.

나 : 그럼 월요일에 세미나실에서 만나자.

03 스터디를 하고 있는 친구와 이야기해 봅시다.

EN Let's talk with a friend who is having a group study. JP 勉強会をしている友達と話してみましょう。
CH 请和学习小组的同学聊一聊。

	〈보기〉	스터디 1	스터디 2
스터디	한국사	대학원 입학 시험	
좋은 점	재미있게 공부하다	시험 문제를 미리 연습하다	
필요한 것	'한국의 역사' 책	작년 시험 자료	

보기

가 : 리에야, 오늘 약속이 있어?

나 : 응, 스터디를 하러 가. 요즘 한국사 스터디를 하고 있어.

가 : 그래서 요즘 네가 바쁘구나. 스터디 모임은 재미있어?

나 : 응, 그리고 한국사를 재미있게 공부하는 게 좋은 것 같아.

가 : 나도 한국사가 어려워서 스터디를 할까 하는데…….

나 : 그럼 같이 하자.

가 : 좋아. 스터디를 할 때 뭐가 필요해?

나 : '한국의 역사' 책이 필요하니까 가지고 와.

정리해 봅시다

EN Let's review JP まとめてみましょう CH 整理整理

스터디 모임에 대해서 이야기해 봅시다.

EN Let's talk about study groups. JP 勉強会について話してみましょう。 CH 请介绍一下有关学习小组的事。

제9과

부탁과 상담

01 대학교 입학에 대해서 알아보려고 왔는데요

02 내일이 시험인데 어떻게 하지요?

03 죄송합니다만 발표 순서를 바꿀 수 있을까요?

01 대학교 입학에 대해서 알아보려고 왔는데요

학/습/목/표 상담실에서 고민을 이야기하고 상담을 받을 수 있다.

EN Objective be able to share your worries at the counseling center and receive counseling
JP 学習目標 相談室で悩みを話して相談を受けることができる。
CH 学习目标 会在咨询中心说出烦恼，并接受相关咨询。

준비해 봅시다 EN Let's get ready JP 準備してみましょう CH 热身活动

MP3/25

듣고 맞는 그림을 고르십시오.

EN Listen and choose the right picture. JP 聞いて正しい絵を選びなさい。 CH 听录音，选择正确的图片。

❶

☐

❷

☐

이야기해 봅시다 EN Let's speak JP 話してみましょう CH 说一说

표현 EN Expression JP 表現 CH 表达方式

에 대해서 알아보려고 왔는데요, -는데 무엇을(어떻게, 어디(에)서, 언제) 해야 할지 모르겠어요

어휘 EN Vocabulary JP 語彙 CH 词汇

취직 getting a job, 就職, 就业
이력서 resume, 履歴書, 履历书
솔직하게 honestly, 率直に, 坦率
비자 연장 visa extension, ビザ延長, 签证延期
조언하다 to give advice, 助言する, 建议
상담을 받다 to receive counseling, 相談を受ける, 咨询
자기소개서 self-introduction, 自己紹介書, 自我介绍书
경험 experience, 経験, 经验
휴학 taking time off from school, 休学, 休学
구하다 to look for/seek, 求める, 求
지도 교수 mentoring professor, 指導教授, 指导教授

01 연습해 봅시다.

EN Let's practice. JP 練習してみましょう。 CH 练习练习。

1. 다음과 같이 이야기해 봅시다.

EN Let's speak by following the example. JP 次のように話してみましょう。 CH 看图说话。

상담 내용		해야 할 일
· 대학교 입학 · 대학원 입학 · 취직 · 아르바이트	⇨	· 자기소개서를 써야 한다 · 한국어 시험을 봐야 한다 · 면접 시험을 봐야 한다 · 외국어 시험 점수가 있어야 한다 · 학교 홈페이지의 정보서비스에서 아르바이트 정보를 찾아본다

보기

가 : 어서 오세요. 무슨 일로 오셨습니까?
나 : 대학교 입학에 대해서 알아보려고 왔는데요.

2. 1번의 표를 보고 다음과 같이 이야기해 봅시다.

EN Look at the chart #1 and practice speaking by following the example. JP 1番の表を見て次のように話してみましょう。
CH 看表1说一说。

보기

가 : 대학교 입학 서류를 준비하려고 하는데 무엇부터 준비해야 할지 모르겠어요.
나 : 자기소개서부터 준비하세요. 자기소개서는 한국어로 써야 합니다.

02 〈보기〉와 같이 대화를 완성해 봅시다.

EN Complete the dialogue as it is shown in the example. JP 〈例〉のように対話を完成してみましょう。 CH 仿照范例完成对话。

보기

가 : 어서 오세요. 무슨 일로 오셨습니까?

나 : 대학교 입학에 대해서 알아보려고 왔는데요.

가 : 먼저 필요한 서류를 내고 입학 시험을 준비하셔야 합니다.

나 : 그래서 입학에 필요한 서류를 준비하려고 하는데 무엇부터 준비해야 할지 잘 모르겠어요.

나 : 자기소개서부터 준비하세요. 자기소개서는 한국어로 써야 합니다.

가 : 저는 한국어 실력이 부족해서 걱정이에요.

나 : 한국어 실력이 좀 부족해도 괜찮아요. 자기에 대해서 솔직하게 쓰세요.

03 요즘 무엇에 대해서 걱정을 하고 있습니까? 이야기해 봅시다.

EN What are you worried about these days? Let's talk about it. JP 最近何について心配をしていますか。話してみましょう。
CH 请说一说，最近在烦恼什么？

상담 신청서

상담 내용	1. 휴학 2. 취직 3. 하숙집 4. 비자 5. 기타
알고 싶은 것	「다음 학기에 휴학을 하려고 합니다.」
상담 날짜	1. 날짜 : 월 일 2. 시간 : 시 분
이름	
전화	
이메일	

보기

가 : 어서 오세요. 무슨 일로 오셨습니까?

나 : 휴학에 대해서 알아보려고 왔는데요.

가 : 왜 휴학을 하려고 하세요?

나 : 한국말 실력이 너무 부족해서 강의를 알아듣기가 어려워요. 그래서 휴학을 하려고 하는데 어떻게 해야 할지 알고 싶습니다.

가 : 휴학을 신청하기 전에 먼저 지도 교수님을 만나 보세요. 교수님께서 조언해 주실 거예요.

정리해 봅시다

EN Let's review JP まとめてみましょう CH 整理整理

여러분은 상담을 받은 적이 있습니까? 이야기해 봅시다.

EN Have you ever received counseling? Let's talk about it.
JP みなさんは相談を受けたことがありますか。話してみましょう。
CH 请说一说，大家是否接受过一些咨询。

02 내일이 시험인데 어떻게 하지요?

학/습/목/표 선배나 친구에게 고민을 이야기할 수 있다.

EN Objective be able to talk about your worries with an upperclassman or friend
JP 学習目標 先輩や友達に悩みを話すことができる。
CH 学习目标 会跟学长学姐或朋友说出自己的烦恼。

MP3/26

준비해 봅시다 EN Let's get ready JP 準備してみましょう CH 热身活动

듣고 맞는 대답을 고르십시오.

EN Listen and choose the right answer. JP 聞いて正しい答えを選びなさい。 CH 听录音，选择正确答案。

1. 리에의 어머니는 아픈 것 같다. ○ ☐ × ☐

2. 리에는 왜 아무 일도 못 합니까?

   ① 가족 걱정 때문에
   ② 시험 걱정 때문에

이야기해 봅시다 EN Let's speak JP 話してみましょう CH 说一说

표현 EN Expression JP 表現 CH 表达方式

-나 봐요, -는데 어떻게 하지요?

어휘 EN Vocabulary JP 語彙 CH 词汇

걱정 worry, 心配, 担心
안색이 안 좋다 to lose color in one's face, 顔色がよくない, 脸色不好
입원 admission to a hospital, 入院, 住院
기분이 나쁘다 to feel bad, 気分が悪い, 不高兴
마음에 들다 to like, 気に入る, 相中
고백하다 to confess, 告白する, 表白

01 연습해 봅시다.

EN Let's practice. JP 練習してみましょう。 CH 练习练习。

1. 다음과 같이 이야기해 봅시다.

EN Let's speak by following the example. JP 次のように話してみましょう。 CH 看图说话。

보기

가 : 제임스, 무슨 걱정이 있니?

나 : 교수님이 열심히 공부하라고 하세요. 시험이 어려운가 봐요.

2. 1번의 그림을 보고 다음과 같이 이야기해 봅시다.

EN Look at the picture #1 and practice speaking by following the example. JP 1番の絵を見て次のように話してみましょう。
CH 看图1说一说。

보기

가 : 다음 주에 시험이 있는데 어떻게 하지요? 공부를 하나도 못했어요.

나 : 아무 걱정하지 말고 지금부터 열심히 공부해.

02 〈보기〉와 같이 대화를 완성해 봅시다.

EN Complete the dialogue as it is shown in the example. JP 〈例〉のように対話を完成してみましょう。 CH 仿照范例完成对话。

보기

가 : 제임스, 요즘 무슨 걱정이 있니?

나 : 곧 시험을 보는데 교수님께서 공부를 열심히 하라고 하세요. 시험이 어려운가 봐요.

가 : 공부는 많이 했니?

나: 아니요, 아르바이트 때문에 많이 못 했어요. 다음 주부터 중간 시험인데 어떻게 하지요?

03 어떻게 고민을 이야기하겠습니까? 〈보기〉와 같이 이야기해 봅시다.

EN How will you talk about your worries? Let's practice speaking as it is shown in the example.
JP どのように悩みを話しますか。〈例〉のように話してみましょう。 CH 怎么说出自己的烦恼呢？仿照范例说一说。

	상황	요즘 상태
미선	민수에게 고백했지만 민수가 나와 말을 안 한다	아무 것도 못 하고 있다
친구 1		
친구 2		

보기

가 : 선배, 저 요즘 고민이 있어요.

나 : 무슨 일이 있니?

가 : 민수에게 좋아한다고 고백했는데 그 후부터 저와 말을 안 해요. 제가 마음에 안 드나 봐요.

나 : 그래? 속상하겠다. 그래서 요즘 안색이 안 좋았구나.

가 : 그래서 아무 것도 못 하고 있어요. 하루 종일 민수 생각만 나는데 어떻게 하지요?

나 : 너무 스트레스 받지 마. 더 좋은 사람이 나타날 거야.

정리해 봅시다

EN Let's review JP まとめてみましょう CH 整理整理

라디오 프로그램 DJ에게 여러분의 고민을 이야기해 보세요.

EN Talk about your worries with a radio program DJ.
JP ラジオ番組のDJにみなさんの悩みを話してみてください。
CH 请向广播电台节目DJ说出大家的烦恼。

03 죄송합니다만 발표 순서를 바꿀 수 있을까요?

학/습/목/표 교수님께 수업에 대해서 부탁할 수 있다.

EN Objective be able to give a request about the class to your professor

JP 学習目標 教授に授業についてお願いすることができる。

CH 学习目标 能拜托教授关于课程方面的一些事情。

준비해 봅시다 EN Let's get ready JP 準備してみましょう CH 热身活动

MP3/27

듣고 맞는 대답을 고르십시오.

EN Listen and choose the right answer. JP 聞いて正しい答えを選びなさい。 CH 听录音，选择正确答案。

1. 누가 이야기합니까?

☐ 선배와 후배 ☐ 직원과 학생 ☐ 교수와 학생

2. 마이클의 부탁은 무엇입니까?

☐ 보고서 제출 ☐ 수업 신청 ☐ 발표 연기

이야기해 봅시다 EN Let's speak JP 話してみましょう CH 说一说

표현 EN Expression JP 表現 CH 表达方式

죄송합니다만, -지 않으면 안 됩니다

어휘 EN Vocabulary JP 語彙 CH 词汇

부탁드리다 to request/to ask a favor, お願いする, 拜托
순서 order, 順序, 顺序
연기하다 to postpone, 延期する, 延期
제출하다 to submit/to present, 提出する, 提交
주제 theme/topics, テーマ, 主题
정하다 to set/determine, 決める, 排定
찾아가다 to visit, 訪ねていく, 拜访

01 연습해 봅시다.

EN Let's practice. JP 練習してみましょう。 CH 练习练习。

1. 다음과 같이 이야기해 봅시다.

EN Let's speak by following the example. JP 次のように話してみましょう。 CH 看图说话。

① 발표 주제를 바꾸다 ② 발표 순서를 바꾸다

③ 시험을 미리 보다 ④ 보고서를 좀 늦게 내다

보기

가 : 교수님, 죄송합니다만 발표 주제를 바꿀 수 있을까요?

나 : 지금은 발표 주제를 바꿀 수 없습니다.

2. 1번의 표를 보고 다음과 같이 이야기해 봅시다.

EN Look at the chart #1 and practice speaking by following the example. JP 1番の表を見て次のように話してみましょう。
CH 看表1说一说。

① 자료가 거의 없다 ② 회사 면접이 있다

③ 고향에 갔다가 와야 하다 ④ 아직 준비가 안 되다

보기

가 : 왜 발표 주제를 바꾸려고 해요?

나 : 자료가 거의 없어서 발표하기가 어려울 것 같습니다.

가 : 처음에 정한 주제로 발표를 하지 않으면 안 됩니다.

02 〈보기〉와 같이 대화를 완성해 봅시다.

EN Complete the dialogue as it is shown in the example. JP 〈例〉のように対話を完成してみましょう。 CH 仿照范例完成对话。

보기

가 : 교수님, 안녕하세요?

나 : 리에 씨, 무슨 일로 오셨어요?

가 : 죄송합니다만 발표 주제를 바꿀 수 있을까요?

나 : 처음에 정한 주제로 발표를 하지 않으면 안 됩니다. 그런데 왜 발표 주제를 바꾸려고 해요?

가 : 자료가 거의 없어서 수요일에 발표하기가 어려울 것 같습니다.

03 교수님을 찾아가서 부탁을 드려 봅시다.

EN Go to your professor and ask for a favor. JP 教授を訪ねてお願いをしてみましょう。 CH 去找教授拜托事情。

	〈보기〉	부탁 1	부탁 2
부탁	보고서 제출 연기	발표 순서 바꾸기	
부탁하는 이유	자료를 찾기가 힘들다	피피티를 만들기가 힘들다	
해결 방법	교수님의 자료	피피티 사용 안 함	

보기

가 : 리에 씨, 무슨 일로 왔어요?

나 : 부탁드릴 것이 있어서 왔습니다.

가 : 네, 뭔데요?

나 : 죄송합니다만 보고서를 다음 주에 낼 수 있을까요?

가 : 금요일까지 보고서를 내지 않으면 안 됩니다.

나 : 여기저기에서 자료를 찾아 봤지만 찾기가 너무 힘듭니다.

가 : 도서관 홈페이지에서도 찾아봤어요?

나 : 네, 그런데 도서관에도 좋은 자료가 없었어요.

가 : 그럼 내 자료를 빌려 줄게요. 이걸 보고 준비하세요.

나 : 정말 감사합니다. 교수님.

정리해 봅시다

EN Let's review JP まとめてみましょう CH 整理整理

교수님께 부탁을 드린 적이 있습니까? 이야기해 봅시다.

EN Have you ever requested anything to your professor? Let's talk about it.
JP 教授にお願いをしたことがありますか。話してみましょう。
CH 请谈一谈，你是否拜托过教授。

제10과

여가 생활

01 아기들에게 밥을 먹이거나 몸을 씻기는 일을 합니다

02 리에 씨도 등산을 하면 좋을 것 같아요

03 어제 연극을 봤는데 참 재미있더군요

01 아기들에게 밥을 먹이거나 몸을 씻기는 일을 합니다

학/습/목/표 봉사활동에 대해서 이야기할 수 있다.

EN Objective be able to talk about volunteer work
JP 学習目標 ボランティアについて話すことができる。
CH 学习目标 能够讲述志愿活动。

준비해 봅시다 EN Let's get ready JP 準備してみましょう CH 热身活动

MP3/28

듣고 맞는 그림을 고르십시오.

EN Listen and choose the right picture. JP 聞いて正しい絵を選びなさい。 CH 听录音，选择正确的图片。

❶ 

☐

❷ 

☐

이야기해 봅시다 EN Let's speak JP 話してみましょう CH 说一说

표현 EN Expression JP 表現 CH 表达方式

사동, -는데 -을 수 있겠어요?

어휘 EN Vocabulary JP 語彙 CH 词汇

재우다 to put someone to sleep, 寝かせる, 哄睡
먹이다 to feed someone, 食べさせる, 喂
씻기다 to wash someone, 洗ってやる, 给洗澡
입히다 to clothe someone, 着せる, 给穿
알리다 to inform someone, 知らせる, 告知
돌보다 to take care of, 面倒をみる, 照看
책임감 sense of responsibility, 責任感, 责任心
환경보호운동 campaign for environmental protection, 環境保護運動, 环保活动
몸이 불편하다 to have bodily discomfort, 体の具合が悪い, 身体不适

01 연습해 봅시다.

EN Let's practice. JP 練習してみましょう。 CH 练习练习。

1. 다음과 같이 이야기해 봅시다.

EN Let's speak by following the example. JP 次のように話してみましょう。 CH 看图说话。

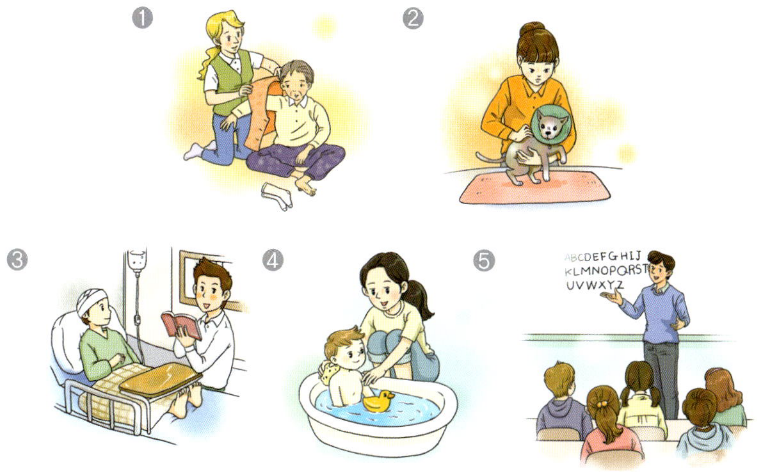

⇒

재우다
먹이다
씻기다
입히다
알리다
돌보다
가르쳐주다

보기

가 : 여기에서는 무슨 일을 합니까?

나 : 할아버지, 할머니들을 돌보는 일을 합니다. 옷을 입혀 드리거나 목욕하는 것을 도와 드려요.

2. 1번의 그림을 보고 다음과 같이 이야기해 봅시다.

EN Look at the picture #1 and practice speaking by following the example. JP 1番の絵を見て次のように話してみましょう。
CH 看图1说一说。

일이 힘들다
책임감이 있어야 한다
일주일에 한 번은 일해야 한다
봉사하는 곳이 멀다

보기

가 : 일이 힘든데 할 수 있겠어요?

나 : 네, 할 수 있습니다. 저도 같이 봉사활동을 하고 싶습니다.

02 〈보기〉와 같이 대화를 완성해 봅시다.

EN Complete the dialogue as it is shown in the example. JP 〈例〉のように対話を完成してみましょう。 CH 仿照范例完成对话。

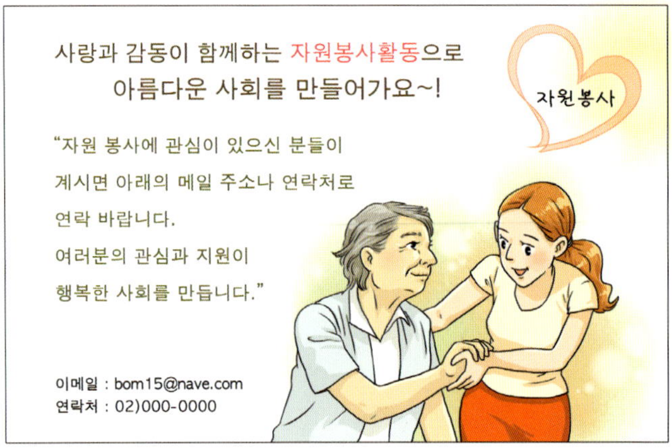

보기

가 : 봉사활동에 대해서 알아보려고 왔는데요. 여기에서는 무슨 일을 합니까?
나 : 할아버지, 할머니들에게 옷을 입히거나 몸을 씻겨드리는 일을 합니다.
가 : 그렇군요. 저도 몸이 불편하신 분들을 돕고 싶습니다.
나 : 일이 힘든데 할 수 있겠어요?
가 : 네, 할 수 있습니다. 저도 같이 봉사활동을 하고 싶습니다.
나 : 고맙습니다. 그럼, 여기에 이름과 전화번호를 써 주세요.

03 친구들은 요즘 무슨 봉사활동을 하고 있습니까? 이야기해 봅시다.

EN What kind of volunteer work are you involved in? Let's talk about it. JP 友達は最近何のボランティアをしていますか。話してみましょう。 CH 请说一说，同学们最近在做哪些志愿活动。

친구 이름	봉사단체이름	하는 일
웨이	환경사랑	더러워진 산과 강 청소하기, 환경문제 알리기

보기

가 : 웨이야, 주말에 뭐 해? 우리 영화 보러 갈까?
나 : 미안해, 다음에 가자. 주말에 봉사활동을 하러 가.
가 : 그래, 무슨 봉사활동인데?
나 : 환경보호운동을 하는 일이야. 더러워진 산과 강을 청소하기도 하고 환경문제에 대해서 사람들에게 알리기도 해.
가 : 나도 같이 하고 싶다.
나 : 일이 쉽지 않은데 할 수 있겠니?
가 : 그럼, 할 수 있어. 나도 그런 문제에 관심이 많아.
나 : 다음 주에 모임이 있는데 같이 가 볼래?

정리해 봅시다

EN Let's review JP まとめてみましょう CH 整理整理

최근에 무슨 봉사활동을 했습니까? 이야기해 봅시다.

EN What kind of volunteer work have you done recently? Let's talk about it.
JP 最近何のボランティアをしましたか。話してみましょう。
CH 请说一说，最近做过哪些志愿活动。

02 리에 씨도 등산을 하면 좋을 것 같아요

학/습/목/표 취미를 추천할 수 있다.

EN Objective be able to recommend hobbies
JP 学習目標 趣味を勧めることができる。
CH 学习目标 会推荐兴趣爱好。

준비해 봅시다

EN Let's get ready JP 準備してみましょう CH 热身活动

MP3/29

듣고 맞는 대답을 고르십시오.

EN Listen and choose the right answer. JP 聞いて正しい答えを選びなさい。 CH 听录音，选择正确答案。

❶

❷

1. 등산은 다이어트에 좋다. ○ ☐ × ☐
2. 리에는 등산을 좋아한다. ○ ☐ × ☐

이야기해 봅시다

EN Let's speak JP 話してみましょう CH 说一说

표현 EN Expression JP 表現 CH 表达方式

-으면 좋을 것 같아요, -으면 -을수록

어휘 EN Vocabulary JP 語彙 CH 词汇

요가 yoga, ヨガ, 瑜伽
맛집 famous restaurant, おいしい店, 美食店
연주하다 to play/to perform, 演奏する, 演奏
자전거를 타다 to ride a bicycle, 自転車に乗る, 骑自行车
여행 traveling, 旅行, 旅行
그림을 그리다 to draw a picture, 絵を描く, 画画
보람을 느끼다 to feel rewarding, やりがいを感じる, 有意义
악기(피아노, 드럼, 바이올린 등)를 배우다 to learn to play a musical instrument (piano, drums, violin, etc.), 楽器(ピアノ, ドラム, バイオリンなど)を習う, 学乐器(钢琴、架子鼓、小提琴等)

01 연습해 봅시다.

EN Let's practice. JP 練習してみましょう。 CH 练习练习。

1. 다음과 같이 이야기해 봅시다.

EN Let's speak by following the example. JP 次のように話してみましょう。 CH 看图说话。

❶ 

❷ 

❸ 

❹ 

❺ 

❻ 

보기

가 : 요즘 일이 많아서 스트레스가 쌓여요.

나 : 취미활동을 해 보세요. 웨이 씨는 드럼을 배우면 좋을 것 같아요.

2. 1번의 그림을 보고 다음과 같이 이야기해 봅시다.

EN Look at the picture #1 and practice speaking by following the example. JP 1番の絵を見て次のように話してみましょう。
CH 看图1说一说。

드럼을 배우다 ·	· 신나다
운동을 하다 ·	· 재미있다
요가를 하다 ·	· 좋아지다
등산을 하다 ·	· 건강해지다
그림을 그리다 ·	· 즐겁다

보기

나 : 드럼을 배우니까 어때요?

가 : 배우면 배울수록 재미있어요. 웨이 씨도 배워 보세요.

02 〈보기〉와 같이 대화를 완성해 봅시다.

EN Complete the dialogue as it is shown in the example. JP 〈例〉のように対話を完成してみましょう。 CH 仿照范例完成对话。

보기

가 : 미선 씨는 시간이 있을 때 무엇을 해요?

나 : 저는 드럼을 배워요.

가 : 그래요? 저도 요즘 신나게 연주할 수 있는 악기를 배우고 싶어요. 드럼을 배워 보니까 어때요?

나 : 아주 재미있어요. 리에 씨도 드럼을 배우면 좋을 것 같아요. 드럼은 배우면 배울수록 재미있어요.

03 친구의 취미가 무엇입니까? 이야기해 봅시다.

EN What is your friend's hobby? Let's talk about it. JP 友達の趣味は何ですか。話してみましょう。 CH 说一说，你同学的爱好是什么?

	취미가 뭐예요?	그 취미는 어때요?	친구에게 추천하겠습니까?
리에	맛집 찾아다니기	사람이 많으면 많을수록 재미있다.	○
친구 1			
친구 2			

보기

가 : 리에야, 네 취미는 뭐야?

나 : 나는 맛집을 찾아다니는 것을 좋아해. 한국에는 맛있는 음식을 파는 유명한 가게가 많아.

가 : 혼자 다녀?

나 : 아니, 동호회 친구들과 다녀.

가 : 그래? 재미있겠다. 나도 한국에 있는 동안 맛있는 음식을 많이 먹고 싶은데….

나 : 그럼 너도 같이 다니면 좋을 것 같아. 사람이 많으면 많을수록 재미있으니까 같이 다니자.

가 : 맛집 정보는 어디에서 찾을 수 있어?

나 : 인터넷에 많이 있어.

가 : 재미있겠다. 나도 찾아봐야겠다.

정리해 봅시다

EN Let's review JP まとめてみましょう CH 整理整理

취미가 무엇입니까? 이야기해 봅시다.

EN What is your hobby? Let's talk about it. JP 趣味は何ですか。話してみましょう。 CH 请谈一谈，你朋友的爱好是什么。

03 어제 연극을 봤는데 참 재미있더군요

학/습/목/표 공연에 대해서 이야기할 수 있다.

EN Objective be able to talk about performances
JP 学習目標 公演について話すことができる。
CH 学习目标 能够讲述与演出有关的事。

준비해 봅시다 EN Let's get ready JP 準備してみましょう CH 热身活动

MP3/30

무엇에 대해서 이야기하고 있습니까? 듣고 맞는 그림을 고르십시오.

EN What is the conversation about? Listen and choose the right picture. JP 何について話していますか。聞いて正しい絵を選びなさい。
CH 在谈什么？听录音，选择正确的图片。

❶

☐

❷

☐

이야기해 봅시다 EN Let's speak JP 話してみましょう CH 说一说

표현 EN Expression JP 表現 CH 表达方式

-더군요, -을 테니까

어휘 EN Vocabulary JP 語彙 CH 词汇

연극 a play, 演劇, 话剧
배우 actor, 俳優, 演员
케이팝 K-pop, K-POP, 韩国流行音乐
알아보다 to find out, 調べてみる, 打听
뮤지컬 musical, ミュージカル, 音乐剧
콘서트 concert, コンサート, 演唱会
포스터 poster, ポスター, 海报
기대가 되다 to have high expectation for/to be excited, 楽しみだ, 期待

01 연습해 봅시다.

EN Let's practice. JP 練習してみましょう。 CH 练习练习。

1. 다음과 같이 이야기해 봅시다.

EN Let's speak by following the example. JP 次のように話してみましょう。 CH 看图说话。

❶

❷

❸

❹

보기

가 : 어제 케이팝 콘서트를 봤어요.

나 : 콘서트가 어땠어요?

가 : 가수들이 노래를 아주 잘 부르더군요.

2. 1번의 그림을 보고 다음과 같이 이야기해 봅시다.

EN Let's speak by following the example. JP 次のように話してみましょう。 CH 看图1说一说。

보기

가 : 이번 주 화요일에 케이팝 콘서트를 보러 갈래요?

나 : 네, 좋아요. 제가 표를 예매할 테니까 리에 씨는 저녁을 사 주세요.

02 〈보기〉와 같이 대화를 완성해 봅시다.

EN Complete the dialogue as it is shown in the example. JP 〈例〉のように対話を完成してみましょう。 CH 仿照范例完成对话。

보기

가 : 어제 케이팝 콘서트를 봤는데요, 리에 씨도 그 콘서트를 봤어요?
나 : 아니요, 아직 못 봤어요. 콘서트가 어땠어요?
가 : 가수들이 노래를 참 잘 부르더군요.
나 : 저도 그 콘서트를 보고 싶어요.
가 : 이번 주 토요일에 한 번 더 보려고 하는데 같이 갈래요?
나 : 토요일에는 약속이 있으니까 일요일에 같이 가요.
가 : 좋아요. 제가 표를 예매할 테니까 리에 씨는 저녁을 사 주세요.
나 : 네, 알았어요.

03 다음 공연 중에서 추천하고 싶은 공연이 있습니까? 왜 추천합니까? 이야기해 봅시다.

EN Among the following performances, is there one that you would like to recommend? Why do you recommend it? Let's talk about it.
JP 次の公演の中で推薦したい公演がありますか。なぜ推薦しますか。話してみましょう。 CH 请说一说，以下演出中，是否有你想推荐的？为什么？

보기

가 : 영수 씨는 시간이 있을 때 뭐 하세요?
나 : 저는 공연 보는 것을 좋아해서 시간이 있을 때마다 공연을 봐요.
가 : 저도 공연을 보고 싶은데 괜찮은 공연 좀 추천해 주세요.
나 : 지난달에 뮤지컬 '빨래'를 봤는데 참 재미있었어요. 배우들이 노래를 잘하더군요.
가 : 저도 그 공연을 보고 싶어요.
나 : 그럼 제가 인터넷에서 표를 알아볼 테니까 같이 보러 갈래요?
가 : 영수 씨는 지난달에 한 번 봤는데 또 보고 싶어요?
나 : 네, 보면 볼수록 재미있어요. 이번 주말에 같이 보러 갑시다.
가 : 좋아요. 오랜만에 보는 공연이어서 그런지 벌써부터 기대가 돼요.

정리해 봅시다

EN Let's review JP まとめてみましょう CH 整理整理

공연을 본 적이 있습니까? 이야기해 봅시다.

EN Have you ever seen a performance? Let's talk about it.
JP 公演を見たことがありますか。話してみましょう。
CH 你有没有看过演出？请说一说你的经历。

부록

듣기 지문

제1과 소개

01 경제학과 1학년 왕웨이라고 합니다

01

가 : 안녕하세요. 국어국문학과 3학년 김미선이라고 합니다.
나 : 저는 경영학과 1학년 제임스라고 합니다. 만나서 반갑습니다.

02 제주도에 가면 꼭 바다를 구경해 보세요

02

가 : 웨이 씨 고향은 어디예요?
나 : 중국 베이징이에요.
가 : 베이징은 무엇이 유명해요?
나 : 자금성이 유명해요. 베이징에 가면 꼭 구경해 보세요.

03 제 방 친구인데 지금 한국말을 공부하고 있어요

03

남자 : 이 분은 누구세요?
여자 : 중국에서 온 제 친구인데 지금 한국말을 공부하고 있어요.
남자 : 안녕하세요? 만나서 반갑습니다.

제2과 학교 생활

01 이번 학기 보고서는 언제까지 내는 겁니까?

04

가 : 실례합니다. 이번 학기 보고서는 언제까지 내는 겁니까?
나 : 보고서는 6월 20일까지 내야 합니다.
가 : 보고서는 어디에 내야 합니까?
나 : 교수님께 이메일로 보내야 합니다.

02 우리 학교 홈페이지에 들어가니까 있었어요

05

가 : 웨이 씨, 요즘 바빠요?
나 : 네, 아르바이트를 해서 바빠요.
가 : 어디에서 아르바이트를 찾았어요? 저는 사무실 옆 게시판에서 아르바이트 정보를 찾았는데 없었어요.
나 : 학교 홈페이지에 가니까 있었어요. 게시판에서만 찾지 말고 홈페이지 커뮤니티에 들어가 보세요.

03 음식을 먹어도 되는 줄 알았어요

06

미선 : 리에 씨, 신발을 벗고 들어오세요.
리에 : 신발을요?
미선 : 네, 기숙사 방에 들어올 때 신발을 신으면 안 돼요.
리에 : 죄송해요. 저는 신발을 신어도 되는 줄 알았어요.

제3과 학교 시설

07 **01 도서관을 이용할 때는 무엇을 해야 합니까?**

가 : 주말에도 도서관을 이용할 수 있습니까?
나 : 네, 주중에도 이용할 수 있고 주말에도 이용할 수 있습니다.
가 : 주말에 멀티미디어센터도 이용할 수 있습니까?
나 : 오후 5시까지 이용할 수 있습니다.

08 **02 컴퓨터실을 이용할 수 있지요?**

가 : 세탁실이 어디에 있어요?
나 : 지하 1층에 있어요. 지금은 저녁시간이니까 복잡할 거예요. 내일 오전에 가세요.
가 : 감사합니다.
나 : 세탁기를 사용할 때 동전이 필요해요. 동전을 꼭 가져가세요.

09 **03 우선 예약부터 하세요**

가 : 학교 수영장을 이용하고 싶은데 어떻게 해야 돼요?
나 : 이용한 적이 있으세요?
가 : 아니요. 처음이에요.
나 : 그럼 회원 등록을 해야 돼요. 여기에 있는 신청서부터 쓰세요.

제4과 모임

10 **01 이번 주 목요일에 개강 모임이 있는데 갈 거야?**

가 : 민수야, 다음 주 목요일에 우리 학과 모임이 있는데 갈 거야?
나 : 응, 어디에서 모여?
가 : 지난번에 친구들과 같이 공부했던 세미나실에서 모일 거야. 꼭 와.
나 : 알았어. 그날 만나.

11 **02 마리아가 발표하는 것이 좋겠다**

가 : 리에야, 이번 주부터 발표 준비를 해야 할 것 같다. 내일 시간이 어떠니?
나 : 네, 좋아요. 몇 시에 만날까요?
가 : 수업이 한 시에 끝나니까 한 시 반까지 도서관 앞으로 와라.
나 : 네, 내일 만나요.

12 **03 손님이 많은 걸 보면 음식이 맛있는 것 같아**

가 : 수고했어. 이번 동아리 공연 힘들었지?
나 : 아니에요. 선배님 덕분에 많이 배웠어요.
가 : 이따가 저녁 8시에 뒤풀이가 있어. 너도 가자.
나 : 네. 알겠습니다.

제5과 쇼핑

01 인터넷으로 사는 것이 백화점에서 사는 것에 비해서 싸고 편해

13

가 : 그 가방 예쁘다. 어디에서 샀니?
나 : 며칠 전에 인터넷 쇼핑몰에서 샀어. 품질도 괜찮고 디자인도 마음에 들어.
가 : 그렇구나. 값은 어때? 백화점 물건에 비해서 싸니?
나 : 싸고말고. 결제도 카드로 해서 아주 편했어.

02 내가 보기에는 비싼 것 같아

14

가 : 와! 여기는 옷도 많고 물건 값도 정말 싸군요.
나 : 여기는 제가 자주 오는 시장이에요. 제가 보기에는 이 시장에서 파는 옷이 제일 괜찮은 것 같아요.
가 : 저기 예쁜 옷이 많은데 구경해 볼까요?
나 : 네. 그럽시다.

03 한 번밖에 안 썼어요

15

남자 : 이 옷 입어 봐도 돼요?
여자 : 네. 그러세요. (잠시 후) 잘 어울리시는데요. 이건 제가 한 번밖에 안 입은 거예요. 그래서 새 것처럼 깨끗해요.
남자 : 얼마예요?
여자 : 오천 원에 드릴게요.

제6과 건강

01 운동을 하니까 건강이 좋아졌어요

16

가 : 영수 씨, 어디 가세요?
나 : 운동하러 공원에 가요. 일주일에 3번 공원에서 한 시간쯤 달리고 있어요.
가 : 그래요? 운동하니까 어때요?
나 : 운동하니까 건강이 좋아졌어요.

02 스트레스를 받지 않는 날이 없어요

17

가 : 다음 주에 시험을 보는데 공부할 것이 너무 많아요.
나 : 힘들겠군요.
가 : 네, 요즘은 스트레스를 받지 않는 날이 없어요.
나 : 시험이 끝나면 운동을 하거나 취미생활을 해 보세요. 스트레스가 풀릴 거예요.

03 친구가 운동하자고 해서 수영을 시작했어요

18

여자 : 요즘 자꾸 살이 찌는 것 같아.
남자 : 밤에 음식을 먹기 때문에 그래.
여자 : 하지만 배가 고파서 안 먹을 수 없어.
남자 : 그럼 오늘부터 같이 운동을 시작하자.

제7과 온라인

01 한국 역사에 대해서 발표하려고 자료를 찾고 있어

19
가 : 영수야, 지금 뭐 하니?
나 : 한국 역사에 대해서 발표하려고 자료를 찾고 있어. 너는 준비 다 했니?
가 : 아니, 나도 자료를 찾으러 도서관에 가려고 해.
나 : 인터넷으로도 도서관에 있는 자료를 다 볼 수 있으니까 가지 않아도 돼.
가 : 그럼 나도 인터넷으로 자료를 찾아 봐야겠다.

02 그 사이트에서 찾을 수 있는 줄 몰랐어요

20
가 : 리에 씨, 그 책 어디에서 샀어요? 아무리 찾아도 학교 서점에는 없었어요.
나 : 인터넷으로 샀어요. 지금 예스 23에 들어가서 〈한국사 이해〉를 검색해 보세요.
가 : 아! 여기 있네요. 인터넷에 있는 줄 몰랐어요. 알려 줘서 고마워요.

03 리에에게 인터넷을 고쳐 달라고 해야겠다

21
가 : 인터넷이 왜 이러지?
나 : 리에 씨, 왜 그래요?
가 : 조금 전까지 인터넷이 잘 됐는데 갑자기 인터넷이 안 돼요.
나 : 우리 교실이 지하에 있어서 그런지 자주 그래요.

제8과 대학 문화

01 야구를 좋아하는 학생이면 누구든지 들어갈 수 있어

22
가 : 영수야, 무슨 동아리에 들어가고 싶니?
나 : 농구 동아리요. 제가 제일 좋아하는 운동이 농구예요. 어떤 사람이 그 동아리에 들어갈 수 있어요?
가 : 농구를 좋아하는 학생은 누구든지 들어갈 수 있지. 다음 주에 동아리 신입회원 면접이 있다고 하니까 농구 동아리에 가 봐라.
나: 알겠습니다. 고맙습니다, 선배.

02 얼마나 재미있는지 몰라요

23
가 : 축제기간이어서 사람이 정말 많다.
나 : 응, 구경거리도 많고 공연도 한다. 저기 국문과에서 떡볶이를 파는데 같이 먹으러 갈래?
가 : 그래, 같이 가자. 그런데 저 공연은 무슨 공연이지?
나 : 수학과 동아리 공연이야. 작년 축제 때 봤는데 얼마나 재미있는지 몰라.

03 스터디 모임을 할까 해

24
가 : 오늘 한국사 수업 스터디가 있어. 너도 알지?
나 : 응, 4시까지 갈게.
가 : 그리고 웹하드에 있는 자료를 준비해야 돼. 책으로 공부하는 것보다 자료가 있는 게 좋은 것 같아.
나 : 알았어.

제9과 부탁과 상담

01 대학교 입학에 대해서 알아보려고 왔는데요

25

가 : 어서 오세요. 무슨 일로 오셨습니까?
나 : 대학교 입학에 대해서 알아보려고 왔는데요.
가 : 먼저 필요한 서류를 내고 입학시험을 준비해야 합니다.
나 : 그렇군요. 무슨 서류부터 준비해야 해요?

02 내일이 시험인데 어떻게 하지요?

26

가 : 리에야, 무슨 일이 있니?
나 : 네, 어머니께서 입원하셨다고 해요. 많이 아프신가 봐요.
가 : 어떡하니? 걱정이 많겠다.
나 : 네, 그래서 공부를 하나도 못 하고 있어요. 내일이 시험인데 어떻게 하지요?

03 죄송합니다만 발표 순서를 바꿀 수 있을까요?

27

마이클 : 교수님, 안녕하세요?
교 수 : 마이클 씨, 무슨 일로 왔어요?
마이클 : 부탁드릴 것이 있어서 왔습니다. 죄송합니다만 발표를 다음 주에 할 수 있을까요?
교 수 : 이번 주에 하지 않으면 안 됩니다.

제10과 여가 생활

01 아기들에게 밥을 먹이거나 몸을 씻기는 일을 합니다

28

가 : 여보세요, 봉사활동에 대해서 알아보려고 하는데요. 거기에서는 무슨 일을 합니까?
나 : 아기들을 돌보는 일을 합니다. 밥을 먹이거나 몸을 씻기는 일을 합니다. 일이 쉽지 않은데 할 수 있겠어요?
가 : 네, 할 수 있습니다. 저도 같이 봉사활동을 하고 싶습니다.

02 리에 씨도 등산을 하면 좋을 것 같아요

29

가 : 웨이 씨는 등산을 좋아하는 것 같아요.
나 : 네, 일주일에 한 번은 꼭 등산을 가요. 리에 씨는요?
가 : 저는 특별한 취미가 없어요. 그런데 요즘 살이 쪄서 운동을 하고 싶어요.
나 : 그럼 리에 씨도 같이 등산을 하면 좋을 것 같아요. 우리 같이 해요.

03 어제 연극을 봤는데 참 재미있더군요

30

여자 : 마이클 씨는 취미가 뭐예요?
남자 : 저는 공연 보는 것을 좋아해서 시간이 날 때마다 공연을 보러 가요.
여자 : 지금까지 본 공연 중에서 뭐가 제일 재미있었어요?
남자 : 음……. 작년에 봤던 뮤지컬 '언니들'이 제일 재미있었어요. 노래가 아주 좋더군요.

모범 답안

제1과 소개

01_【준비해 봅시다】❷
02_【준비해 봅시다】❶
03_【준비해 봅시다】❷

제2과 학교 생활

01_【준비해 봅시다】❶
02_【준비해 봅시다】❷
03_【준비해 봅시다】❷

제3과 학교 시설

01_【준비해 봅시다】❶
02_【준비해 봅시다】1. 네 2. 아니요
03_【준비해 봅시다】❶

제4과 모임

01_【준비해 봅시다】❶
02_【준비해 봅시다】1. ❷ 2. 도서관 앞
03_【준비해 봅시다】❷

제5과 쇼핑

01_【준비해 봅시다】❶
02_【준비해 봅시다】❶
03_【준비해 봅시다】❷

제6과 건강

01_【준비해 봅시다】❸
02_【준비해 봅시다】❶
03_【준비해 봅시다】❶

제7과 온라인

01_【준비해 봅시다】❷
02_【준비해 봅시다】1. O 2. ×
03_【준비해 봅시다】❷

제8과 대학 문화

01_【준비해 봅시다】1. 선배와 후배
2. 동아리
02_【준비해 봅시다】1. ❷ 2. O
03_【준비해 봅시다】1. 스터디 모임
2. 다른 사람들과 같이 공부할 수 있다.

제9과 부탁과 상담

01_【준비해 봅시다】❶
02_【준비해 봅시다】1. O 2. ❶
03_【준비해 봅시다】1. 교수와 학생
2. 발표 연기

제10과 여가 생활

01_【준비해 봅시다】❶
02_【준비해 봅시다】1. O 2. ×
03_【준비해 봅시다】❶

색인

어휘 색인

ㅇ

ㅈ

ㅊ

ㅋ

■ 문법 색인

ㅈ

대학 생활을 위한

한국어 말하기 (초급 II)

편저자 연세대학교 한국어학당 교재편찬위원회
집필진 손성희 · 박영희 · 김미정 · 최지희 · 어다은
펴낸곳 연세대학교 출판문화원

주소 서울시 서대문구 연세로 50
전화 02) 2123-3380~2
팩스 02) 2123-8673
ysup@yonsei.ac.kr
http://press.yonsei.ac.kr
등록 1955년 10월 13일 제9-60호
인쇄 (주)화신문화
삽화 문춘경 외
녹음 MS미디어
성우 윤미나 · 전광주

2016년 1월 20일 1판 1쇄 2025년 11월 25일 1판 6쇄
ISBN 978-89-6850-143-2 (08710)
978-89-7141-977-9 (세트)

값 19,000원